Karl Friedrich Berger

Einzelgänger?

Briefe an einen
frustrierten jungen Mann

Ernst Franz Verlag · Metzingen/Württ.

CIP-Titelaufnahme der Deutschen Bibliothek

Berger, Karl Friedrich:
Einzelgänger? Briefe an einen frustrierten jungen Mann; /
Karl Friedrich Berger. – Metzingen: Ernst Franz-Verlag, 1988
ISBN 3-7722-0264-0

Umschlaggestaltung: Graf. Atelier Arnold, Dettingen
Herstellung: Heinzelmann Druck-Service, Metzingen
Printed in Germany

Inhaltsübersicht

Vorwort

Das vorliegende Buch ist keine fingierte, theoretische Abhandlung von Gegenwartsproblemen. Es ist aus konkretem Anlaß heraus entstanden und trägt deshalb stellenweise recht persönliche Züge. Innerhalb dieses persönlich geprägten Rahmens werden jedoch Fragen behandelt, die jeden nachdenklichen Menschen, besonders den Christen, bewegen.

Die Situation ist insofern nicht typisch für die Mehrzahl junger Menschen, als es sich bei dem Adressaten der Briefe um einen Außenseiter und potentiellen Aussteiger handelt. Was an den »schwächsten« Gliedern der Gesellschaft offenbar wird, steckt jedoch mehr oder weniger latent auch in den »starken«. Oft ist es nur eine Frage der Zeit und der äußeren Umstände, daß aus starken schwache, versagende Glieder werden. Schon deshalb sollten wir die Not der Versager zu der unsrigen machen. Wir helfen damit nicht nur ihnen, sondern auch den Gesunden.

Die wenigsten Einzelgänger sind das schon von Geburt an. Die meisten wurden Schritt für Schritt in diese Rolle gedrängt und versuchen auch immer wieder auszubrechen und mit sich selbst, ihrer Umgebung, mit dem Leben schlechthin zurechtzukommen. Oft geraten sie in eine tiefe Lebensangst und tasten alle Möglichkeiten ab, ob sie ihnen Halt bieten und ihrer ganz speziellen Situation einen Sinn vermitteln können. Bei dieser ermüdenden Suche nach der eigenen Identität entwickeln sie je nach Veranlagung und sozialem Umfeld die verschiedensten Verhaltensweisen –

von übertriebenem Leistungsstreben bis zum genauen Gegenteil: völliger Apathie.

Diese »Versager« sind in den seltensten Fällen derbe, anspruchslose Charaktere, sondern meist sensible, differenzierte, nachdenkliche Menschen, die recht hohe Anforderungen an sich stellen, aber von der Vielzahl der auf sie eindringenden Stimmen, Erwartungen, Anforderungen, Angebote verwirrt und verunsichert werden und den Boden unter den Füßen verlieren. Die Anfänge solcher Entwicklungen bleiben der Umgebung fast immer verborgen. Sie werden erst wahrgenommen, wenn der Prozeß so weit vorangeschritten ist, daß der Betroffene alles nicht mehr im Verborgenen mit sich selbst abmachen kann, sondern zu alarmierenden Verhaltensweisen gedrängt wird, die er vor den anderen nicht mehr verbergen kann und die zu so gravierenden Spannungen führen, daß manchem nur die Flucht in Narkotika oder Krankheit bleibt. Nicht selten wird der Wunsch, das Leben auszulöschen, übermächtig.

Wer an diesem Punkt angelangt ist, tut sich schwer, die Fäden zu entwirren. Oft tappt der Schwache und Kranke bei seiner Selbstdiagnose im dunkeln. Es kommt hinzu, daß die Umwelt meist negativ auf Zustände reagiert, die den reibungslosen Ablauf des Alltagsgeschehens stören. Wer – aus welchen Gründen auch immer – zum Außenseiter geworden ist, tut sich schwer, seiner Situation positive Seiten abzugewinnen. Deshalb besteht die Gefahr, daß die anstehenden Probleme nicht verarbeitet, sondern verdrängt werden, oft gegen besseres Wissen, nur aus Rücksicht auf die Umgebung. Die positiven Ansätze, die häufig in solchen Krisen verborgen sind, kommen nicht zur Entfaltung – zum Schaden des Außenseiters und seiner Umgebung.

Das Selbstwertgefühl solcher ins Abseits geratenen Menschen ist in der Regel sehr angeschlagen, und es ist schwer, in all den damit verbundenen Leiden einen Sinn erkennen zu können. In solchen Fällen kann therapeutischer Beistand schon deshalb hilfreich sein, weil der Betroffene ernstgenommen wird und sich aussprechen kann.

Bei der Frage nach dem Sinn des Lebens, nach der eigenen Identität, nach dem Wert eines Menschen auch bei verminderter Leistungsfähigkeit kann man das Fragen nach Gott, nach Jesus, nach der Bibel nicht ausklammern. Der Empfänger der Briefe hat sich diesen Fragen nach Kräften gestellt; er fand jedoch keine Antworten, die ihm als Basis für einen Neuanfang hätten dienen können. Er fand auch in den christlichen Kreisen, die er kennenlernte und in denen er engagiert mitarbeitete, keine Ansatzpunkte für die Lösung seiner Probleme. Seit geraumer Zeit befindet er sich nun außerhalb einer christlichen Gemeinde auf der Suche nach sinngebender, motivierender Orientierung, die ihn jedoch so ermüdet hat, daß Tatkraft und Lebenswille zeitweilig bedrohlich abgesunken sind.

Mir hat sich drum die Frage gestellt, ob die Ursache dieser enttäuschenden Erfahrungen in der Bibel zu suchen ist oder beim Leser, seiner Denkweise, seinem Mangel an Aufgeschlossenheit, vielleicht auch beim lückenhaften Bild, das er sich von der biblischen Botschaft gemacht hat. Fragen über Fragen, die wir häufig im kleineren und größeren Kreis besprochen haben. Die Gespräche uferten zuweilen so aus, daß der Empfänger der Briefe und seine Gesprächspartner überfordert waren und unbefriedigt auseinandergingen. Oft waren auch die äußeren Bedingungen für Gespräche nicht günstig, man war übermüdet oder stand unter Zeitdruck.

Die Briefe haben nun weniger den Zweck, die Gespräche in anderer Form fortzusetzen. Sie haben schon gar nicht das

Ziel, den Empfänger auf breiter Basis über Glaubensfragen zu informieren. Sie sind vielmehr als *Impulse* gedacht, die ihn ermutigen sollen, zu gegebener Zeit, wenn die äußeren und inneren Voraussetzungen dazu gegeben sind, die angesprochenen Fragen noch einmal in aller Stille anhand der Bibel und weiteren Büchern zu überdenken.

Der erste Brief

Lieber Christoph,

Du befindest Dich in einer tiefgreifenden Identitätskrise. Du fühlst Dich als Fremdling in dieser Welt. Du bist verwirrt und verunsichert von der Vielzahl der Stimmen, die auf Dich eindringen, und kannst im Getriebe der Welt mit all seinen Ungereimtheiten im privaten, politischen, wirtschaftlichen, geistig-geistlichen Bereich keinen Sinn erkennen.

Die Genüsse, die eine rührige Konsumindustrie in ihrer Werbung anpreist, erscheinen Dir fragwürdig, und die Antworten, die die Religionen für all diese Fragen bereithalten, konnten Deine innere Zerrissenheit auch nicht heilen. Zu selbstlosem Engagement fehlt Dir – mindestens zum gegenwärtigen Zeitpunkt – die Kraft und die Motivation.

Dieses Gefühl der Hoffnungslosigkeit ist offensichtlich keine Augenblickslaune, sondern hat schon in Deiner Kindheit seine Wurzeln. Du wurdest das Gefühl nicht los, mitten im geselligen sozialen Leben ein Fremder zu sein. Du hast alle Lebensperspektiven, die im Bereich Deiner Möglichkeiten lagen, auf ihren Gehalt hin abgetastet und nirgends so viel Übereinstimmung gefunden, daß sie ausgereicht hätte, Dich zu kontinuierlichem Engagement zu motivieren.

Ich will Deinen Zustand keineswegs in jeder Beziehung rechtfertigen, ich kann ihn aber auch nicht nur negativ sehen. Du stehst mit Deinen Problemen gar nicht auf so einsamem oder gar verlorenem Posten, wie dies zuweilen

9

scheinen mag. Schon Salomo stellte sich diesen Fragen, und Tausenden junger (und alter) Menschen geht es wie Dir. Viele von ihnen kommen aus »intakten« Familien und Elternhäusern und haben erkannt, daß auch ein geordnetes bürgerliches Umfeld den bohrenden Fragen nach dem Sinn des Lebens keine befriedigende Antwort zu geben vermag.

Nicht jeder hat den Mut und die Kraft (vielleicht auch nicht den Auftrag von Gott), die »schönsten Jahre des Lebens« in einer so zermürbenden, kräfteraubenden Fragehaltung zu verbringen. Es hat etwas für sich, erfolgreich zu sein, sein Berufsziel auf direktem Weg, mit möglichst wenig unproduktivem Reibungsverlust zu erreichen.

Du hast derzeit weder den Willen noch die Kraft zu solcher Lebensgestaltung. Mir wurde ein wenig bange, als ich begriff, welchen Weg Du zu gehen anfängst. Er wird sehr einsam sein und verbunden mit mancherlei Risiken. Du bist im Begriff, die breite Straße mit den vielen Passanten zu verlassen, die einem das Gefühl der Gemeinschaft vermitteln, die man notfalls um Rat fragen kann, die einem beistehen, die einem Sicherheit geben getreu dem Werbeslogan: »Was viele tun, kann niemals falsch sein.« Du willst halb freiwillig, halb gezwungen auf die Stützen verzichten, die dem Menschen fast in der ganzen Welt seit Jahrhunderten als Grundlage für sein Selbstwertgefühl dienen: auf Leistung und Besitz. Du willst Deine Identität nur in Dir selbst finden. Ob Du Dir bewußt bist, wie folgenschwer Deine Entscheidung ist?

Wieviel hast Du wohl ganz im Verborgenen durchgemacht in Deinem jungen Leben, daß Du Dich gezwungen siehst, solche Konsequenzen zu ziehen? Wie viele Rückschläge mußtest Du wohl verkraften, um reif zu werden für einen

Entschluß, der von Deiner Umgebung nur als Flucht gedeutet werden kann und der Dich ins Abseits treibt? Du wirst in vielerlei Anfechtungen geraten, denn der Einzelgänger lebt in mancherlei Hinsicht gefährlicher als der, der in der Herde bleibt.

In den Gesprächen mit Dir bin ich zu der Überzeugung gekommen, daß Du diesen Weg nicht leichtfertig gewählt hast, sondern daß Dir im Augenblick einfach keine andere Möglichkeit bleibt. Ich wurde deshalb – trotz aller Bedenken – innerlich darüber ruhig, zumal mir solche Gedankengänge nicht fremd sind. Ich bin überzeugt, daß Gott *auch* Einzelgänger braucht, das heißt Menschen, die von früh an gelernt haben, einsame Wege zu gehen, und die auf diese Weise zu einer gewissen Standfestigkeit gelangen, die sie ohne diese Vorbereitung wohl nicht gewonnen hätten.

Ich will damit Außenseitertum nicht umgekehrt zu einem Qualitätsmerkmal hochstilisieren. Mir geht es nur darum, daß Du es nicht als Makel empfindest, sondern als einen von vielen Wegen, die zum Ziel führen. In meinem Heimatdorf gab es eine ganze Reihe von Außenseitern, deren Schicksal ich Dir nie wünschen würde, sie wurden zum Kuriosum, manche sogar zum Gespött der Leute. Der Weg vom Außenseiter zum Menschenverächter oder Despoten ist nicht weit. Aber die Lasten des Außenseitertums können durchaus auch Meißel in Gottes Hand sein, mit deren Hilfe er ein ganz bestimmtes Ziel verfolgt. Wohin die Entwicklung bei Dir geht, weiß keiner von uns, und diese Ungewißheit wird uns noch lange in Atem halten.

So weit ich mich an meine Kindheit zurückerinnern kann, habe ich meine Identität auch nicht in geradliniger, harmonischer Entwicklung gefunden, sondern in mancherlei persönlichen, politischen, beruflichen Irrungen und Wirrungen. In der Rückschau kann ich sie jedoch heute – soweit es nur um mich persönlich geht – rückhaltlos bejahen. Der einzige Schatten, der darauf fällt, ist der Umstand, daß keiner sein Leben allein lebt. Alle unsere Mängel und Fehlentscheidungen haben Auswirkungen auf unsere Nächsten, auf Familie und Mitarbeiter; sie werden mehr oder weniger, aber unausweichlich in all diese Turbulenzen mit hineingezogen. Es ist sehr demütigend, wenn man praktisch gegen die eigene Absicht den allernächsten Menschen Leid zufügen muß, weil man ein unvollkommener Mensch ist.

Lange Zeit war ich der Meinung, Dein Weg laufe so völlig anders als der meine, daß ich nie versuchte, direkten Einfluß auf Deine Entwicklung zu nehmen. Ich wollte Dich nicht mit meinen komplizierten Gedankengängen belasten. Ich war überzeugt, daß andere, unvoreingenommenere Menschen besonders auf geistlichem Gebiet Dir einen geradlinigeren Weg vermitteln könnten. Es war kein geringer Schock für mich, als ich feststellen mußte, daß dies offensichtlich nicht so ist.

Wenn ich Dir nun heute schreibe, so tue ich dies nicht aus dem Bewußtsein heraus, ich müßte schleunigst Versäumtes nachholen oder ich könnte Dich bekehren. Kein Mensch kann einen anderen bekehren, das hat sich Gott vorbehalten. Das heißt jedoch nicht, daß Gott nicht Bücher, Predigten, Gespräche dazu benutzen könnte, diese Wende im Denken eines Menschen in Gang zu bringen. Aus dieser Überlegung heraus habe ich Dich auch immer wieder ermutigt, Predigten zu hören, theologische Bücher zu lesen, Bibelarbeit mit anderen Gemeindegliedern zu treiben. Erst als ich feststellen mußte, daß Du – aus welchen Gründen auch immer – keinen Zugang zu einem befreienden, kraftspendenden Bibelverständnis fandest, bin ich auf den Gedanken gekommen, Dir den Weg zu zeigen, der mir geholfen hat, im Leben allgemein und im persönlichen Bereich einen Sinn zu finden.

Was ich Dir schreibe, ist weitgehend ein Abriß meines persönlichen Denkens, das sich jedoch aus einer Unzahl von Anregungen herauskristallisiert hat, die ich aus der Bibel direkt und indirekt über Theologen erhalten habe. Wenn ich meine Gedanken nicht immer wieder daran überprüft hätte, wäre es mir unmöglich gewesen, sie Dir in der Hoffnung weiterzusagen, daß sie Dir irgendwann einmal, heute oder erst in einigen Jahren, eine kleine Hilfe sein mögen.

Mehr als eine kleine Hilfe werden sie Dir nicht sein können. Ich kann Dir zu Deiner konkreten Lebensgestaltung nicht viel sagen. Ich kenne die Menschen Deiner Umgebung so wenig, daß ich mir kaum ein Urteil bilden kann – von praktischen Ratschlägen ganz zu schweigen. Ich muß mich auf einige grundsätzliche Fragen beschränken, die Dir vielleicht manchmal weltfern erscheinen und bei denen es Dir schwerfällt, eine Verbindung zu Deinen gegenwärtigen Problemen herzustellen.

Zu Deiner Außenseitersituation zum Beispiel kann Dir vielleicht ein Psychologe für den Augenblick mehr sagen als ich. Dennoch könnte ich aus der Bibel und aus eigener Erfahrung eine ganze Reihe von Beispielen aufzählen, wo Außenseitertum einen tiefen Sinn und sehr positive Auswirkungen hatte. In jeder Schule, in jedem Betrieb kommt es immer wieder vor, daß der Lehrer oder ein Vorgesetzter jemand zur Seite nimmt, ihn von den andern isoliert, mit ihm vielleicht in einen anderen, stilleren Raum geht, um ihm etwas zu sagen, was in der Hektik des Alltags untergegangen wäre. Nach meiner Erfahrung macht es Gott ähnlich und individuell sehr verschieden: beim einen durch ein

Krankenlager, beim andern durch äußere Umstände, beim dritten einfach dadurch, daß er ihm einen »schwierigen« Charakter gibt und ihn auf diese Weise nachdenklich macht und in die Stille führt. Wenn Gott dies nicht tun würde, würden wir die vordergründigen Wesen bleiben, die wir ohne ihn sind, die keine Antennen entwickeln für den Bereich, um den es im Leben wirklich geht. In der ganzen Schöpfung tobt ein Kampf, den wir nicht als Marionetten bestehen sollen, sondern als freie, mündige Wesen.

Wir verschließen vor dieser Tatsache gerne die Augen. Ich kann mich noch gut entsinnen, wie langsam sich das Bewußtsein von ihr bei mir entwickelte: Als die schreckliche Hitlerzeit vorbei war und die Wunden des Krieges zu vernarben begannen, freuten wir uns alle der wiedergewonnenen Freiheit und des Wirtschaftswunders. Ein ungeheurer Optimismus beherrschte unser Denken. In diese fast euphorische Stimmung hinein sagte ein deutscher Bischof, gemessen an der gegenwärtigen geistig-geistlichen Auseinandersetzung seien die diesbezüglichen Kämpfe im Dritten Reich wie Vorhutgefechte gewesen. Seine Worte prägten sich mir wahrscheinlich deshalb so unauslöschlich ein, weil ich ihre Tragweite damals überhaupt nicht begriff, denn ich wußte noch nichts von der Hintergründigkeit des Weltgeschehens.

Christsein war ohne Zweifel schon immer mit Kämpfen verbunden, nur fanden sie nicht immer unter denselben Vorzeichen statt. Wir stehen heute als Christen nicht unter äußerem Druck; unser Leben ist nicht bedroht, wenn wir uns zu Jesus bekennen. Das kann leicht dazu führen, daß man in eine Denkweise verfällt, die um diese Kampfsituation nicht mehr weiß.

Eine der wichtigsten Voraussetzungen für das Bestehen

dieses Kampfes besteht darin, daß man mit sich selbst ins reine kommt. Das kann damit anfangen, daß man zu sich Ja sagen lernt. Das heißt nicht, daß man sich für fehlerlos hält, sondern daß man sich als einmaliges, gewolltes und geliebtes Geschöpf Gottes begreifen lernt, kein auswechselbares Stück von der Stange, kein Zufallsprodukt! Dies zu fassen ist nicht ganz einfach. So vieles, was zum festen Bestandteil unseres Denkens geworden ist, spricht dagegen; und trotzdem hängen Selbstwertgefühl und alle Krisen, die mit mangelndem Selbstwertgefühl einhergehen, in hohem Maße davon ab, ob es mir geschenkt ist, mich als Gottes geliebtes Kind zu begreifen. Ich konnte das jahrzehntelang nicht fassen, obgleich mein Verstand es zur Kenntnis genommen hatte.

Wenn Du darin Gewißheit erhältst, wirst Du merken, welche Gegenkräfte in Dir wach werden. Du wirst spüren, daß die Gedanken, die Du bisher gedacht hast, das Feld nicht kampflos räumen. Du steckst mitten in dem Kampf, der »uns verordnet ist«. Auseinandersetzungen dieser Art kann uns keine noch so intakte Lebensgemeinschaft abnehmen. Da steht man ganz allein, und das ist gut so, denn die Kernfragen Deines Lebens mußt Du ohnehin allein lösen. Erst rückblickend geht einem immer wieder auf, daß man gar nicht so allein in all diesen Entscheidungen stand, sondern daß einer bei uns war und uns führte.

Der Glaube an Jesus, den Christus, ist überhaupt in vielen Fällen nicht das Zaubermittel, das schlagartig alle Probleme in und um uns löst. Gott handelt nicht schablonenhaft. Die Neuwerdung eines Menschen kann unter Umständen sogar mit einer Verschärfung seiner Probleme beginnen, so wie manche Medikamente die Krankheitssymptome nicht gleich mildern, sondern steigern und auf diesem Wege die heilsame Krisis herbeiführen. Meine Bekehrung war auch kein datierbares Ereignis, sondern ein Prozeß, der sich über Jahrzehnte hinzog und erst dann zu einer kraftspendenden Freude am Herrn führte, als ich mir aufgrund intensiven Bibelstudiums ein umfassendes »Bild« von dem Gott der Bibel und seinem Heilsplan für die Welt und damit auch für mich persönlich machen konnte.

Ich weiß nicht, ob Du auf demselben Weg aus innerer Zerrissenheit zum Frieden, zur Freude und damit auch zur Genesung von Leib und Seele kommst. Eins ist jedoch sicher, ob nun die gründliche Auseinandersetzung mit der Schrift vor oder nach der Bekehrung einsetzt: solides Christsein ist auf Dauer nur möglich, wenn es auf der *ganzen* Botschaft der Bibel gründet. Dazu gehört auch, daß man sich mit den scheinbaren Widersprüchen und mit den aktuellen Glaubensproblemen auseinandersetzt, und das möchte ich in den folgenden Briefen gemeinsam mit Dir tun. Lies alles, was ich Dir schreibe, kritisch; doch versuche gleichzeitig, Dich von vorgefaßten Meinungen zu lösen.

Es geht mir nicht darum, Dir eine umfassende Laientheologie zu vermitteln, ich strebe auch kein ausgewogenes Bild an. Über die Geschehnisse, die wir Christen an Weihnachten, Karfreitag und Ostern feiern, die Zehn Gebote oder die Taufe werde ich nicht gesondert schreiben, über sie bist Du ausreichend informiert.

Im übrigen habe ich mich bemüht, mich so kurz wie möglich zu fassen. Meine Briefe sollen Dich nur *anregen* und Dir helfen, Dich anhand von Büchern mit den angerissenen Themen eingehender zu beschäftigen.

Ich werde mich bemühen, jeden Brief so zu schreiben, daß er eine in sich geschlossene Einheit darstellt und nicht nur im Zusammenhang mit anderen Briefen verstanden werden kann. Das läßt sich ohne gelegentliche Überlappungen nicht bewerkstelligen. Es werden also manche Gedanken wiederholt auftauchen. Das mußt Du wohlwollend entschuldigen.

Die Schöpfung – ein Gottesbeweis? ⸻

Viele unserer Gespräche endeten mit der Frage, ob man die Existenz Gottes beweisen könne. Ich glaube, diese Frage ist so alt wie die Menschheit. Im juristischen Sinne wird man sie wohl nie beweisen können, so wenig man etwa Liebe beweisen kann. Manche Dinge kann man nur an ihren Wirkungen erkennen, sie selbst aber bleiben uns verschlossen.

Wenn Du die Schöpfung betrachtest und an einer beliebigen Stelle tiefer in ihre Gesetzmäßigkeiten eindringst, kommst Du aus dem Staunen nicht heraus. Du brauchst nicht die Extreme im Mikro- oder Makrokosmos oder gar die Krone der Schöpfung, den Menschen, ins Auge zu fassen, um in überwältigender Weise zu erfahren, daß aus allem, was uns umgibt, eine Intelligenz, eine Logik spricht, die unüberbietbar ist.

Wenn man nur ein einfaches Lebewesen, zum Beispiel eine Fliege, näher betrachtet und sich in allen Einzelheiten vorstellt, welche Menge an Informationen und Steuerungsmechanismen notwendig ist, um jede der Millionen Zellen, aus denen der Fliegenkörper aufgebaut ist, zu bilden und funktionstüchtig zu machen, gehen einem die Augen über. Die Informationen, die notwendig sind, um einen Menschen zu bilden, würden eine ganze Bibliothek füllen, wollte man sie in Worten festlegen. Wenn man sich dann noch vorstellt, daß dieser ganze Informationsschatz, das »Programm«, in einem winzigen Zellkern untergebracht ist, daß jede Körperzelle – es sind Billionen – dieses vollständige Programm enthält, daß ferner bei jeder Zellteilung das ganze Programm gewissermaßen abgeschrieben wird, und zwar pausenlos und praktisch fehlerfrei, dann kann man nicht anders, als hinter alledem eine Superintelligenz am Werke zu sehen, die wir Gott nennen.

Diese »anonyme« Gottesvorstellung haben wohl die meisten nachdenklichen Menschen. Ich glaube auch nicht, daß es unser Verstand ist, der uns hindert, in der Schöpfung das Werk Gottes zu sehen. Ich vermute, daß es vielmehr die Enge unseres Herzens ist, der Mangel an Phantasie, die Oberflächlichkeit im Denken, das sich zufrieden gibt, wenn die Dinge benannt, beschrieben und registriert sind. Von den vielen Biologielehrern, die ich hatte, hat nur einer sich bemüht, seinen Schülern die Natur transparent zu machen und Schlüsse von der Schöpfung auf den Schöpfer zu ziehen.

Daß der Schöpfer die Welt mit Hilfe von scheinbar feststehenden, unverrückbaren Naturgesetzen geschaffen hat, könnte seinen Grund durchaus darin haben, sie für den Menschen berechenbar, planbar und damit beherrschbar zu machen. Wie sollten wir dem Auftrag, uns die Erde untertan zu machen, nachkommen können, wenn wir nicht auf Erfahrungen aufbauen könnten, die nur auf der Grundlage von verläßlichen Gesetzmäßigkeiten möglich sind? Daraus jedoch den Schluß zu ziehen, der Schöpfer sei ein Gebundener seiner selbstgeschaffenen Gesetze, die er nicht durchbrechen, also keine Wunder tun könne, erscheint mir sehr unlogisch.

Seit ich – wenn auch nur in Ansätzen – begriffen habe, was Einsteins Relativitätstheorie sagt, seit ich weiß, daß das Licht ein Paradoxon darstellt, das mit der herkömmlichen Kategorie Entweder-Oder nicht mehr begriffen werden kann, ist mir klargeworden, daß der Engpaß bezüglich der Wunder nicht in Gottes Können, sondern in der Begrenztheit unseres Vorstellungsvermögens zu suchen ist. Wir müssen bei Dingen, die wir als einander ausschließend zu sehen gewohnt sind, lernen, sie uns als zusammengehörig, einander ergänzend vorzustellen. In populärwissenschaftlichen Abhandlungen und Schulbüchern wird oft die falsche Vorstellung erweckt, die moderne Naturwissenschaft habe alle Rätsel der Welt gelöst. Jeder Forscher weiß, daß dem nicht so ist, daß viele Antworten nur vorläufig, nur Hypothesen sind, weil sie neue Fragen aufwerfen. Unter Berufung auf die Autorität der Wissenschaft den Gedanken der Schöpfung abzutun, wird weder Gott noch der Wissenschaft gerecht.

Daß Gott keine starre, mechanisch ablaufende Schöpfung konzipiert, sondern überall die Anpassung an äußere Bedingungen und die Fähigkeit zur Veränderung eingeplant hat, durch die sich das Leben auf der Erde erst voll entfalten konnte und kann, ist gar keine Frage. Aus dieser Tatsache jedoch den Schluß zu ziehen, das Wunderwerk der Schöpfung sei nicht geplant und zielgerichtet, sondern stelle ein reines Zufallsprodukt dar, ist in meinen Augen absurd.

Es fällt mir auch schwer, die unendliche Vielfalt des organischen Lebens nur mit Mutationen und Ausleseprozessen zu erklären. Auch Billionen von Jahren könnten auf diesem Wege die Wunderwerke nicht schaffen, denen wir auf Schritt und Tritt begegnen.

Die zentrale Frage in Sachen Schöpfung ist im Grunde aber

nicht, ob eine Superintelligenz hier planend und gestaltend am Werk war. Der Stein des Anstoßes ist vielmehr, daß in der Bibel behauptet wird, diese Superintelligenz sei identisch mit dem Gott Abrahams, Isaaks und Jakobs, dem Vater Jesu Christi. Mit einem »Wesen« also, das wir – durch Jesus – Vater nennen dürfen, das reden, zürnen, strafen, trauern, lieben soll.

Der Gedanke, daß dieser Gott eine Projektion menschlichen Denkens und Hoffens sein könnte, liegt sehr nahe. Ich verstehe die daraus entstandene Abwehrhaltung gut. Du mußt Dich nur fragen, ob dies die einzige Wurzel Deiner Ablehnung ist. Könnte es nicht sein, daß uns ein unpersönlicher Gott sympathischer ist, weil er uns mehr Freiraum gewährt? Der persönliche, der personhafte Gott ist der hautnahe Gott. Das empfinden wir nicht nur als Trost – das kann ungemein lästig sein, denn es bedeutet das Ende unserer Autonomie, und diese Erkenntnis ist der Stein, der eine ganze Lawine ins Rollen bringt ... Weihnachten ist da plötzlich keine Idylle mehr, und auch andere Aussagen der Bibel bekommen ein ganz anderes Gewicht, wenn wir hinter ihnen eine Person erkennen. In dem Maße, wie die Idylle stirbt, gewinnen aber die Worte, die Gestalten an Kraft. Auch die Berufung Abrahams ist dann keine rührselige orientalische Kindergartengeschichte mehr, sondern Ausgangspunkt für weltbewegende Ereignisse, in die unser Leben und Schicksal und das unseres Volks bis auf den heutigen Tag verwoben ist.

Ein solches Umdenken bringt Verunsicherung mit sich. Der Boden unter unseren Füßen wankt. Wohl kaum ein Mensch würde sich dem freiwillig aussetzen. Da braucht es oft Führungen in Situationen, die kein Ausweichen mehr erlauben und die manchmal in die innere und äußere Einsamkeit führen. Solche Nöte bergen die Chance in sich, Gedanken nachzuspüren, die im Lärm des Alltagsgetriebes untergehen würden. Und trotzdem ist es oft ein schwieriger und langwieriger Prozeß, bis wir in einer solchen Abseits-Situation nicht nur zur äußeren, sondern auch zur inneren Stille finden, in der wir Gottes Stimme leichter vernehmen können.

Weltgeschichte nach Plan oder Fahrt ins Blaue?

Wenn Du Dir die Dimensionen der Schöpfung im Großen wie im Kleinen vor Augen führst, wenn Du akzeptieren kannst, daß der Konstrukteur all dessen und der Gott Israels ein und derselbe sind, wird es Dir nicht schwerfallen, noch einen Schritt weiterzugehen und zu fragen, ob dieser Gott auch mit der Menschheit und jedem einzelnen einen Plan und ein Ziel hat oder ob die Menschheitsgeschichte ausschließlich dem Gesetz von Ursache und Wirkung und somit auch dem Zufall oder einem blinden Schicksal preisgegeben ist.

Aus der Bibel läßt sich ganz klar ablesen, daß Gott im Blick auf die Menschheit schon vor Grundlegung der Welt einen fest umrissenen Plan hatte und sogar die Kosten überschlug, die ihn die Erfüllung dieses Plans kosten würde: das Opfer seines Sohnes. Daß dieser Plan vielschichtig und stark differenziert ist, sollte uns im Blick auf die Vielgestaltigkeit, die uns in der gesamten Schöpfung begegnet, nicht wundern.

Ein markantes, durchgängiges Wesensmerkmal dieses Planes ist, daß er immer klein, mit Einzelpersonen, mit Familien anfängt, als Ziel aber immer das Ganze, Völker, ja die ganze Menschheit im Auge hat. So setzt Gott zum Beispiel einen Neuanfang mit Abraham, läßt aber keinen Zweifel daran, daß er in ihm *alle* Geschlechter auf Erden segnen will. Dasselbe gilt für Israel als Volk. Es ist das Fundament für Gottes Plan mit der ganzen Menschheit.

Wenn Du Dir die Verwirklichung dieses Planes als die Einhaltung eines »Heilsfahrplans« vorstellst, wirst Du dem, was die Bibel darüber sagt, nicht gerecht. In diesem Plan sind Gottes Wille und menschliche Entscheidungsfreiheit so geheimnisvoll ineinander verwoben, daß wir es mit den uns zur Verfügung stehenden Denkkategorien nicht entwirren können.

In ganz grober Vereinfachung kann man etwa folgenden roten Faden in Gottes Heilsplan nachzeichnen: Dieser Heilsplan setzt zweifellos vor Erschaffung der Welt und des Menschen an, wird deutlich erkennbar bei Noah und setzt sich fort über Abraham zu Isaak und Jakob, zum Volk Israel, zum Stamm Juda, zu David und zu Jesus. An diesen Menschen demonstriert Gott, wer er ist und wer die Menschen sind und welch hochgestecktes Ziel er sich mit ihnen gesetzt hat. Immer wieder und immer klarer werden diese Menschen auf den Einen, den Messias, den Christus hingewiesen, der sie zurechtbringen und das Reich Gottes heraufführen wird.

Versuche Dich einmal in die Lage dieser Menschen zu versetzen! Bedenke die riesigen Zeiträume! Über Jahrtausende hinweg soll diese hochgespannte Erwartenshaltung in ihnen wachgehalten werden, in Kriegen, in Naturkatastrophen, in persönlichen Nöten, in Anfechtungen aller Art ...

Und dann löst Gott sein Versprechen ein: der langerwartete, ersehnte Messias kommt! »Jetzt wird alles gut! Gott steht zu seinem Wort! Jetzt bricht das Reich Gottes an! Jetzt erfüllen sich die Weissagungen der Propheten! Jetzt kommt die Befreiung vom römischen Joch! Jetzt kommt die Zeit, die keine Fragen mehr offenläßt, wo sogar die ganze Schöpfung teilhat an der Freiheit des Gottesvolkes.« So oder ähnlich werden die Menschen damals gedacht haben.

Wie anders kam alles! War das der langerwartete, heißersehnte Messias? War das derselbe, von dem die Propheten geredet hatten? Welche Enttäuschung mußte sich breitmachen, als er nicht die politische Befreiung in die Wege leitete. Andererseits hörten sie seine machtvollen Worte, sahen seine Taten. Wie mußten sie hin- und hergerissen sein zwischen Begeisterung und Enttäuschung! Und dann dieses Ende am Galgen. Der Messias, der Heilbringer, der Gottessohn am Kreuz ...

Kann man angesichts solcher Ereignisse noch von einem Plan oder gar dessen Erfüllung reden? Erst Paulus beantwortet diesen ganzen Fragenkomplex mit einem eindeutigen, uneingeschränkten Ja. Er hat den Auftrag, dieses so anstößige Geheimnis zu lüften bzw. zu deuten, denn so unangemeldet kamen die Ereignisse auch wieder nicht. Der Prophet Jesaja etwa zeichnet Jahrhunderte vorher ein Bild des Messias, das sehr wohl in das Geschehen auf Golgatha hineinpaßt (Jes. 53), das aber so verschlüsselt war, daß wahrscheinlich wenig Notiz davon genommen wurde.

Paulus sagt (sehr vereinfacht) etwa folgendes: Dieser Jesus ist nicht gescheitert. Er hat das, was im jahrhundertelangen Opfer von Tieren versinnbildlicht wurde, den stellvertretenden Opfertod, durch sein freiwilliges Sterben vollzogen. Er ist das »Lamm Gottes«, er hat das, was kein Tieropfer erreichen konnte, in vollgültiger Weise, ein für allemal vollzogen. Damit ist jeder, der das für sich gelten läßt (glaubt), vor Gott gerechtfertigt, d.h. kein noch so großer Sündenberg trennt ihn mehr von Gott. Gott nimmt ihn als sein Kind, mit allen Rechten eines Kindes und *Erben* an. (Du mußt mir verzeihen, daß ich in die »Sprache Kanaans« verfallen bin. Es ist nicht ganz einfach, Gedankengänge, die man nur in der Bibel findet, anders als in deren Worten auszudrücken. Wenn Du diese dichte Sprache nicht verstehst, mußt Du zu einem der Bücher greifen, die all dies, in verständliche Umgangssprache übersetzt, zu erklären suchen.) Paulus geht noch einen Schritt weiter und erklärt auch das Verhalten der Juden: sie dürfen jetzt den Messias noch nicht erkennen und annehmen; denn wenn sie ihn annehmen würden, wäre das Reich Gottes schon jetzt angebrochen. Gott will aber nicht nur ein (biologisches) Auswahlvolk, die Juden also, für die Aufgaben in seinem messianischen Reich vorbereiten, sondern auch ein (geistliches) Auswahlvolk aus den Heiden sammeln, bevor er das Friedensreich auf Erden zu seiner vollen Entfaltung kommen läßt. Die Juden werden deshalb für einen begrenzten Zeitraum gewissermaßen mit verbundenen Augen beiseitegestellt und in alle Welt zerstreut, bis die »Vollzahl der Heiden«, das geistliche Auswahlvolk, die Gemeinde Jesu, unter mancherlei Druck, Leiden und Anfechtungen herangebildet und »eingesammelt« ist.

Es ist verwirrend, diese verschlungenen Gedankengänge nachzuvollziehen, zumal besonders bei der Ablehnung Jesu durch die Juden göttlicher Heilsplan und menschliche Schuld in einer Weise ineinander verschlungen sind, daß man ohne die Hilfe der Paulus-Briefe den roten Faden der Heilsgeschichte aus den Augen verlieren würde.

Diese Fragen haben die Christen aller Zeiten umgetrieben, schon in der Urgemeinde, wo manche Christen sich über die Juden erhoben. Denen sagt Paulus, sie hätten keinerlei Grund dazu. Um dies zu verdeutlichen, nimmt er einen Baum zum Beispiel, aus dem man einen Zweig (die Juden) herausgeschnitten hat und dafür einen anderen (die Gemeinde Jesu) einsetzt. Paulus läßt keinen Zweifel daran, daß der, der diesen Zweig abgeschnitten hat, ihn sehr wohl auch wieder einsetzen kann und wird. Dem ganzen Gerede von den »Christusmördern«, das für viele der Nährboden für antisemitische Gedanken wurde, ist damit der Nährboden entzogen.

Dieses Einsetzen des herausgeschnittenen Zweiges wird erst erfolgen, wenn Jesus für alle Welt sichtbar wiederkommt in Macht und Herrlichkeit. Dann werden den Juden die Augen aufgetan werden, und sie werden in dem verworfenen Jesus von Nazareth den langerwarteten Messias erkennen. Dann werden die vielen Hoffnungen und Erwartungen, die bislang nur in kleinen Ansätzen realisiert werden konnten, voll und ganz erfüllt werden. Jerusalem, die Juden, vielleicht auch die Gemeinde Jesu, werden dann im Weltgeschehen die zentrale Rolle spielen, auf die sie in oft unbegreiflichen Leiden und Belastungsproben vorbereitet wurden.

Dieses irdische Friedensreich ist noch zeitlich begrenzt und endet nicht mit der Erlösung aller Menschen, sondern mit Gericht. Du darfst es nicht in einen Topf werfen mit dem »himmlischen Jerusalem«, der neuen Welt, die Gott erst nach dem Friedensreich auf Erden heraufführt und die alle unsere Vorstellungen und Erwartungen übertreffen wird.

Der Blick in die Vergangenheit kann Dir zeigen, daß Gott in klar unterschiedenen heilsgeschichtlichen Epochen handelt und in diesen Epochen jeweils fest umrissene Ziele verfolgt.

Wenn wir uns diese Epochen vor Augen führen, sehen wir deutlicher, daß auch unsere Zeit in seinem Heilsplan ihren Stellenwert hat und daß er sie zu einem Ende bringen wird, wenn ihr Ziel erfüllt ist.

Die erste Epoche reicht vom Sündenfall bis zur Sintflut. Die Menschen sind wissend geworden, deshalb bezeichnen manche Schriftausleger diese Phase auch als das Zeitalter des Gewissens. Es reicht von Seth, dem »Ersatzsohn« für den ermordeten Abel, bis zu Noah.

Nach der Sintflut beginnt ein Abschnitt, der als Ausgangspunkt den Bund Gottes mit dem Menschen hat. Er ist von nun an verantwortlich für die Erde und weiß aus der Erfahrung der Flut, daß Gott ihn zur Rechenschaft zieht. Dieser Abschnitt endet mit der Zerstreuung der Menschen durch die Sprachenverwirrung.

Mit dem nächsten Zeitalter, an dessen Anfang die Berufung Abrahams steht, zeichnet sich immer klarer das Ziel der Heilsgeschichte, das Kommen des Friedefürsten ab.

Die darauffolgende Epoche, die mit Mose beginnt, läßt das Volk reif werden für das Kommen des Messias. Es steht ganz unter dem Gesetz vom Sinai.

Die nächste Epoche ist der vorläufige Höhepunkt des göttlichen Erziehungs- und Heilsplans. Es ist das Zeitalter der Gnade, das damit beginnt, daß Jesus stellvertretend in vollgültiger Weise den Kaufpreis entrichtet, der nach dem göttlichen Beschluß als Preis für den Frieden zwischen Gott und den Menschen bezahlt werden muß: den Tod am Kreuz. Dieses Geschehen, das Dein und mein zeitliches und ewiges Schicksal entschieden hat, wird von Gott »ratifiziert« durch die Auferweckung Jesu.

In diesem Zeitabschnitt steht die Menschheit seit fast zweitausend Jahren. Er geht dem messianischen Friedensreich vor und wird nach den Aussagen der Bibel endzeitliche Züge tragen, denn nach dem Zeugnis der Schrift geht das Gnadenzeitalter nicht nahtlos in das messianische Friedensreich über, sondern endet mit unvorstellbar schweren Geburtswehen, in denen viel Leid und raffinierte Täuschungsmanöver Satans die Menschen so verwirren, daß es für sie immer schwerer wird, die ausgestreckte Retterhand Jesu zu erkennen und zu ergreifen, die er uns seit Golgatha ununterbrochen entgegenstreckt. Jeder Gottesbote wird deshalb nicht müde zu ermahnen: Nützt die Chance des Gnadenzeitalters, laßt euch versöhnen mit Gott!

Gibt es nur einen Gott?

In der Bibel stößt Du immer wieder auf Stellen, in denen behauptet wird, der Gott Israels sei der alleinige, der wirkliche, der einzige Gott. In ähnlicher Ausschließlichkeit redet Jesus von sich selbst. Du bist nicht der einzige, dem es schwerfällt, dies zu akzeptieren. Zwingt uns nicht die Achtung vor anderen Religionen, das Wissen um ihr ehrliches Suchen nach Wahrheit, zu einer Toleranz, die mit den Aussagen der Bibel unvereinbar ist?
Die Bibel gibt Zeugnis von einem Gott, der von sich sagen kann: »Ich bin, der ich bin, ich werde sein, der ich sein werde.« Er meldet damit einen Absolutheitsanspruch an, der kein Wenn und Aber zuläßt. Auch bei Jesus spielt dieses »Ich bin« eine gewaltige Rolle. Über solche Aussagen kann man nicht diskutieren, sie drängen auf Entscheidung. Man

muß sie akzeptieren oder ablehnen, einen Mittelweg gibt es
da nicht. Denn entweder sind die Sprecher solcher Worte
Phantasten, die ihre Grenzen nicht kennen, oder es sind
Worte des einzigen lebendigen Gottes, und dann haben wir
allen Grund, sie ernst zu nehmen und die Konsequenzen
daraus zu ziehen.

Wenn Du den Absolutheitsanspruch des Gottes Israels also
konsequent durchdenkst, kannst Du die weitherzige Toleranz, die auch viele Christen vertreten, nicht durchhalten.
Sie bringt Dich in Konflikt auch mit Menschen und literari-
schen Gestalten, die viele als Vorbilder zu sehen gewohnt
sind: Ein »Nathan der Weise«, aber auch viele andere haben
diesen Absolutheitsanspruch ignoriert. Falsch wäre es natürlich, sich über Menschen, die Jesus nicht kennen, erhaben
zu fühlen.

Die Juden im Brennpunkt
der Geschichte

Daß Deine Identitätskrise etwas mit Gottesbeweisen und
dem Heilsplan Gottes zu tun haben könnte, hast Du mir
vielleicht noch abnehmen können. Wenn ich aber heute
noch einmal besonders auf die Juden eingehe, wird Dir das
wahrscheinlich nicht einleuchten. Wenn dem so ist, dann
lege den Brief getrost beiseite; vielleicht fällt es Dir zu einem
späteren Zeitpunkt leichter, Dir über die Juden Gedanken zu
machen.

Über die Juden gibt es die gegensätzlichsten Meinungen.

28

Schon Augustin hat die Juden gewissermaßen abgeschrieben und gelehrt, die Gemeinde habe den Platz Israels im Heilsplan eingenommen. Das bedeutet: Alle Zusagen, die Israel gemacht wurden, seien durch das Verhalten der Juden zu Jesu Lebzeiten hinfällig und auf die Gemeinde, die Christen, übertragen worden.

Wer so redet, hat die Aussagen der Propheten vergessen, die zwar vom Versagen Israels reden und auch die Gerichte nicht verschweigen, aber trotzdem keinen Zweifel daran lassen, daß Gottes Bund mit diesem Volk ein einseitiger, unbereubarer Bund ist. Israel ist zwar schuldig geworden, wie kein anderes Volk schuldig werden kann, weil kein anderes Volk so viele »Gottesbeweise« in seiner langen Geschichte erfahren hat. Deshalb wurde es für begrenzte Zeit beiseitegestellt und nach Jesu Tod in alle Welt zerstreut. Es muß bis auf den heutigen Tag durch unsagbare Leiden hindurch, darf nirgends unangefochten heimisch werden; aber wenn die Zeit dafür reif ist, wird Gott »Jäger« und »Fischer« auf der weltpolitischen Bühne auftreten lassen, die sein Volk wieder zusammentreiben, und zwar im angestammten Land, im Land der Väter. Es wird dort einen Staat gründen, aber keineswegs in Glück und Frieden leben – im Gegenteil: »Jerusalem« wird zum Laststein für die Völker werden, der Störenfried, der die ganze Welt in Atem hält. Die Gefahr ist groß, daß sich daraus eine neue Welle des Antisemitismus entwickelt. Weiterhin ist denkbar, daß Israel zum zündenden Funken für einen apokalyptischen Weltbrand wird.

Ausschlaggebend ist jedoch, daß wir bei all diesen düsteren Perspektiven das letzte Kapitel der jüdischen Geschichte nicht aus den Augen verlieren. So einmalig schwer, wie das Schicksal dieses Volkes durch die Jahrhunderte war, so unaussprechlich herrlich wird seine Zukunft sein, wenn der Messias kommt, wenn die Juden ihn erkennen, wenn er sein Reich mit ihnen an der Spitze aufbaut; sie werden weinen vor Freude, sie werden sein wie die Träumenden.

Was hat nun Israel mit Dir und mit mir zu tun? Rein völkerkundlich verdient das jüdische Volk natürlich genau so viel oder genau so wenig Dein Interesse wie jedes andere auch. Aber Israel ist eben mehr, es nimmt eine Sonderstellung ein, nicht seiner Qualitäten wegen, sondern weil Gott es erwählt hat. An ihm kann man Erkenntnisse gewinnen, die wir bei keinem anderen Volk gewinnen können – vor allem Auskünfte über das Wesen Gottes, über seine Unbedingtheit, seine Heiligkeit, seine Souveränität, seine Liebe. Man erkennt, daß Gott Menschen erwählt. Man wird auch über die Maßstäbe ins Bild gesetzt, die seine Wahl bestimmen.

Dabei wird einem klar, daß Gott um die Menschen wirbt, daß seine Liebe verletzbar ist, daß er trauert, daß er leidet. Es wird einem aber auch klar, daß er harte Maßnahmen ergreifen kann und klar umrissene Ziele verfolgt und sie erreicht. Es wird deutlich, wie er verspricht und ermuntert, wie er zu seinem Wort steht und wie er in ganz anderen Zeiträumen denkt als wir. Wir können sehen, wie ihm der einzelne wichtig ist und wie er andererseits wieder ganze Völker, Kaiser und Könige wie Schachfiguren bewegt, um seinen Plan zu verwirklichen. Aus seinem Umgang mit Auserwählten kann jeder von uns seine Schlüsse ziehen und sie auf sein Leben übertragen, denn wenn der Gott Israels der alleinige Gott ist, dann ist er auch Dein und mein Gott...

Das messianische Reich – eine Utopie?

Das Hoffen auf das Reich Gottes und das Mühen um seine Verwirklichung ist ein legitimer Bestandteil unseres Glaubens. In jedem Vaterunser bitten wir um sein Kommen. Jeder Christ bemüht sich in dem ihm angemessenen Rahmen, sein Denken und Tun entsprechend einzurichten. Mose und die Propheten, Jesus und die Apostel werden nicht müde, konkrete Anweisungen zu geben, was jeder zum Kommen dieses Reichs beitragen kann. Wenn man nicht die Gesamtbotschaft der Bibel im Auge hat, könnte man zu der Überzeugung kommen, diese vielen Einzelbemühungen würden in Verbindung mit der weltweiten Verkündigung des Evangeliums einen Zustand herbeiführen, der mit dem versprochenen Friedensreich gleichgesetzt werden kann. Ein Blick in die Menschheitsgeschichte und viele Aussagen der Bibel lehren uns jedoch das Gegenteil. Die Voraussagen der Schrift über die Entwicklung der Weltverhältnisse sind düster, von Höherentwicklung ist da nirgends die Rede.

Ist darum die Bitte um das Kommen des Gottesreiches in den Wind gesprochen? Keineswegs, das Ziel liegt unverrückbar fest; nur der Weg dahin ist anders, als wir es uns wünschen. Er führt nicht stetig ansteigend zum Ziel, sondern gleicht einer Straße, die immer abschüssiger wird und in einem Meer von Blut und Tränen endet. Dieses Ende wird aber überstrahlt vom Kommen des Messias, der nun das Friedensreich heraufführt, das vor seinem Kommen immer nur in ganz kleinen Ansätzen realisiert werden konnte.

Es geht einem nicht leicht ein, daß begnadete Männer wie

etwa Augustin in dieser Hinsicht ganz anders dachten. Sie übertrugen die Zusagen, die zu allererst einmal Israel galten, einfach auf die Gemeinde. Damit wurde der arme, kleine, umstrittene und zerstrittene Haufen der Gläubigen mit dem „Reich Gottes" gleichgesetzt, was zwangsläufig viel Verwirrung stiftete.

Ganz falsch ist dieser Gedankengang nicht; er enthält ein Körnchen Wahrheit, denn wo Menschen dem Geist Christi Raum geben, ändert sich etwas in ihrem Leben, und das kann zu einem Vorgeschmack des Reiches Gottes werden. Im gleichen Atemzug muß aber gesagt werden, daß die Gemeinde in der gegenwärtigen Epoche unter der Last des Kreuzes steht und daß gerade die Menschen, die sich bemühen, Christus nachzufolgen, besonderen Anfechtungen ausgesetzt sind. Oft versagen sie, beginnen zu zweifeln, und ihr Reifen für den Plan Gottes mit ihnen sieht für den Außenstehenden – und nicht selten für das „Gotteskind" selbst – nach allem anderen als nach „Reich Gottes" aus.

Wer vor der Wiederkunft des Messias das Reich Gottes im Vollsinn des Wortes erwartet oder schaffen will, nimmt einige wesentliche Aussagen der Bibel nicht ernst. Wir leben in einer gefallenen Welt und dürfen den Fürsten dieser Welt, Satan, nicht kleiner sehen, als Jesus ihn sah. Wer dies ignorieren zu können glaubt, wird bei allem guten Wollen so oft enttäuscht und ernüchtert, daß die Gefahr der Resignation groß ist.

Das augustinische Verständnis des Reiches Gottes wandelte sich nach der Reformation in der Weise, daß nicht nur die Gemeinde, sondern die gesamte Menschheit in diese Reich-Gottes-Vorstellung einbezogen wurde. Man kam zu der Überzeugung, daß die Predigt der Kirche schließlich der ganzen Welt zur Bekehrung verhelfen werde. Diesem Gedankengut sind bis auf den heutigen Tag noch viele Christen verhaftet. Es hat in der Kirchengeschichte um das Tausendjährige Reich so viel Irrtümer gegeben, daß es auch heute noch schwerfällt, sich von manchen Sekten abzugrenzen, die daraus eine Lehre gemacht haben, die sich nicht in allen Stücken mit der Bibel deckt.

Deine Probleme haben ihre Ursache zum Teil auch darin, daß Du durch Deinen Einsatz zum Beispiel in der christlichen Jugendarbeit etwas bewirken wolltest, was in der gegenwärtigen Phase der Heilsgeschichte nur ansatzweise erreicht werden kann. Alle Deine Bemühungen um Frieden, Gerechtigkeit, Umweltschutz sind berechtigt und gut, solange Du Dir bewußt bist, daß Du in einer gefallenen, vergehenden Welt lebst und daß all Deine Aktivitäten, auch wenn sie von breiten Schichten getragen werden, nur begrenzt wirksam werden können.

Es ist nicht einfach, in jungen Jahren ein halbwegs ausgewogenes Verhältnis zwischen Bewährung im Alltag und Zukunftshoffnung zu finden. Und doch kommt es auch hier darauf an, beides im Auge zu behalten und in das richtige Verhältnis zueinander zu stellen.

Das Wissen um und das Warten auf das messianische Reich kann dich auch davor bewahren, utopischen Heilslehren zu folgen, die im günstigsten Falle in Ernüchterung enden müssen. Der Bann, der auf der Erde lastet, wird erst dann von ihr genommen werden, wenn erneuerte Menschen auf ihr leben, und das wird erst eintreten, wenn Jesus wiederkommt und Satan (für tausend Jahre) gebunden sein wird.

Gericht = Gericht? _____

In meinem Brief über den Heilsplan bin ich auf die Gerichte, die ein unübersehbarer Bestandteil dieses Heilsplans sind, nicht näher eingegangen. Es ist ein heikles Thema, über das ich deshalb in einem besonderen Brief mit Dir sprechen möchte.

Wenn man sich mit den Gerichten Gottes auseinandersetzt, begegnet man Widersprüchen, die sich Harmonisierungsversuchen hartnäckig widersetzen. So sagt zum Beispiel Jesus einerseits: »Wer an den Sohn glaubt, kommt nicht ins Gericht«, aber andere Bibelstellen scheinen diese Aussage zu widerlegen. Es hat lange gedauert, bis ich begriff, wie vielschichtig das Wort »Gericht« ist; denn vom Glaubensbekenntnis her war ich gewohnt, den Begriff »Gericht« ganz global zu sehen. Daß der Gott, der überall in seiner Schöpfung so ungemein vielgestaltig zu Werke geht, in seinem Heilsplan mit den Gerichten ebenso differenziert vorgehen könnte, wollte mir zunächst nicht in den Sinn. Weil es Dir vielleicht ähnlich ergeht, will ich versuchen, Dir die Gedanken zu schreiben, die auf mich sehr befreiend gewirkt haben.

Ich frage mich immer wieder, weshalb wir in so wesentlichen Fragen, von denen doch unser Leben und Heil in Zeit und Ewigkeit abhängt, so eigenartig bescheiden sind und uns mit pauschalen Aussagen begnügen, wo doch die Bibel viel mehr sagt. Wir finden uns mit scheinbaren Widersprüchen ab und kommen uns am Ende noch besonders demütig vor in unserer Bescheidenheit am falschen Ort.

Manchmal kam mir schon der Gedanke, diese Verhaltensweise habe ihren Grund in einem falschen Verständnis des Glaubensbekenntnisses. Es soll den biblisch fundierten Glauben vor nicht schriftgemäßen Zusätzen oder Abstrichen bewahren und ist deshalb auf einen denkbar einfachen Nenner gebracht worden. Wir aber haben uns weitgehend daran gewöhnt, im apostolischen Glaubensbekenntnis den vollen Heilsplan Gottes zu sehen, der ein weiteres Eindringen in die unzähligen Bereiche der vollen Heilsbotschaft überflüssig macht. Manche wundern sich dann noch, wenn ihnen Gottes Wort mit der Zeit langweilig und kraftlos wird. Was würde ein Bräutigam sagen, wenn die Braut nicht seinen ganzen Brief lesen würde, sondern mit einer kurzen Zusammenfassung der wesentlichen Punkte vollauf zufrieden wäre? Es ist keineswegs an den Haaren herbeigezogen, wenn man die Bibel als den werbenden Liebesbrief Gottes an den Menschen, an Dich und mich betrachtet.

Manche Theologen unterscheiden eine ganze Reihe von Gerichten. Ich möchte nur drei herausgreifen: Preisgericht, Völkergericht und Weltgericht.

Das Preisgericht ist das Gericht, dem die Gemeinde unterzogen wird, wenn der Herr sie zu sich holt. Bei ihm geht es nicht um Seligkeit oder Verdammnis; denn wer an den Sohn glaubt, hat das Leben und kommt nicht ins Gericht. Hier ist also von der erlösten Gemeinde die Rede, die sich schon während des Erdenlebens »durchrichten« ließ, indem sie sich dem Wort Gottes aussetzte. Da nämlich die Sündenerkenntnis individuell sehr verschieden ist und viel Sünde unerkannt bleibt, muß die Gemeinde vor dem Richterstuhl Christi offenbar werden, damit keine unvergebene Sünde mehr zwischen dem Haupt und den Gliedern steht. Bei diesem Gericht geht es um Belohnung, um Zuweisung von

Aufgaben und schließlich auch um das Verteilen von Sieger-
kränzen – deshalb wohl auch der Begriff »Preisgericht«.

Du kennst meine Abneigung, einzelne Bibelstellen anzufüh-
ren. Zu leicht glaubt man, man halte damit den Sinn der
Heiligen Schrift schon in Händen. Zum Verständnis des
Preisgerichts sind jedoch zwei Bibelstellen hilfreich, nämlich 1. Korinther 3, 11–15 und 2. Korinther 5,10. Letztere
lautet so: »Wir müssen alle offenbar werden vor dem Richterstuhl Christi, damit jeder seinen Lohn empfange für das,
was er getan hat bei Lebzeiten, es sei gut oder böse.«

Das Völkergericht bezieht sich auf die Völker, die nach den
Wehen der Apokalypse bei der Wiederkunft Jesu in Macht
und Herrlichkeit noch auf der Erde leben und somit Bürger
des nun anbrechenden messianischen Reiches sein können.
Bei dem hier stattfindenden Gericht wird nach den Maßstä-
ben der Bergpredigt Recht gesprochen. Auch rechtlich ge-
sinnte und entsprechend handelnde Menschen, die sich nicht
für Christus entschieden haben, werden nach der Entscheidung des Völkergerichts in dieses (Tausendjährige) Reich
eingehen.

Dem Weltgericht müssen sich *alle* Toten nach ihrer Auferstehung am Jüngsten Tag unterziehen. Die Auferstehung
am Jüngsten Tag darfst Du nicht verwechseln mit den
Auferstehungen, die schon früher, etwa beim Sterben Jesu
oder bei der Entrückung der Gemeinde, stattgefunden haben. Diese Auferstehungen werden auch Erst- oder Ausauf-
erstehung genannt.

Es ist vor allem Paulus, der diese Unterscheidungen getrof-
fen hat. Er ist sich wohl bewußt, wie schwerverdaulich
seine Kost ist, und betont immer wieder, daß es sich hier um
Geheimnisse handelt, die sich uns nicht beim ersten Anlauf
erschließen.

Entrückung – eine Täuschung?

Das Thema meines heutigen Briefes habe ich absichtlich nicht erwähnt, als ich Dir in groben Zügen den Heilsplan Gottes darzulegen versuchte. Das hat verschiedene Gründe. Erstens wollte ich Dich nicht durch Einzelheiten verwirren. Zweitens ist Entrückung kein Gedanke, der die ganze Bibel durchzieht, sondern der erst in den Evangelien durchschimmert und dann schließlich von Paulus – aber auch da wieder nur an zwei Stellen in den Briefen an die Korinther und an die Thessalonicher – klar ausgesprochen wird.

Schließlich aber gibt es bei den Aussagen von Paulus eine Fußangel, die man nicht übersehen kann: er hält es nicht nur für möglich, sondern geht wie selbstverständlich davon aus, daß er nicht sterben, sondern bei der Entrückung (nicht auf dem Umweg über Tod und Auferstehung, sondern) unmittelbar den Auferstehungsleib bekommen werde. Wir wissen, daß Paulus gestorben ist. Kann man seine Aussagen ernst nehmen, wenn er sich in einem so wesentlichen Punkt offensichtlich getäuscht hat?

Ich bin mir bewußt, daß Du im Augenblick mit diesen Gedanken wenig anfangen kannst. Aber ich habe sie ja schriftlich fixiert, damit Du beim Durchdenken an keinen Zeitpunkt gebunden bist. Es kann gut sein, daß dieses Thema erst in ein paar Jahren für Dich aktuell wird.

Ich selbst kenne die Aussagen des Apostels Paulus über die Entrückung seit Jahrzehnten, ohne daß sie mich wirklich berührt hätten. Erst in den letzten Jahren habe ich gelernt, die Wiederkunft Jesu differenzierter zu sehen. Es ging mir wie einem, der einem Gebirgszug immer näher kommt. Was man aus der Ferne für eine zusammenhängende Gebirgskette gehalten hat, erweist sich beim Näherkommen als viele deutlich voneinander abgesetzte Einzelberge.

Beim genaueren Überdenken wurde mir klar, daß es sich bei der Entrückung nicht um eine Nebensache handelt, sondern um etwas vom Innersten und Innigsten des ganzen Heilsplans: die Vereinigung der Gemeinde mit ihrem Herrn. Das ist die »glückselige Hoffnung«, auf die Christen von ganzem Herzen zuleben sollen. Im Johannesevangelium, besonders aber im hohepriesterlichen Gebet, klingt dieses Anliegen Jesu immer wieder an: er will die Seinen bei sich haben; sie sollen sein, wo er ist; sie sollen seine Herrlichkeit sehen – mehr noch: sie sollen daran teilhaben, nicht wie Knechte, sondern als Söhne.

Das sind bei aller Zartheit der göttlichen Liebe atemberaubende Perspektiven, die sich schlecht mit dem Kommen Jesu in Macht und Herrlichkeit vereinen lassen; denn diese Machtdemonstration ist ja auch mit Gericht verbunden und findet auf einer Erde statt, die gerade die furchtbarste Phase ihrer Geschichte hinter sich hat und noch aus tausend Wunden blutet. Könnte es nicht sein, daß Jesus in aller Stille die Vereinigung mit seiner Gemeinde vorwegnimmt, ehe er (zusammen mit ihr?) aus dem Chaos sein Reich auf Erden aufbaut?

Es ist ganz normal, daß man einem überwältigenden Ereignis entgegenfiebert; man schiebt es nicht in weite Fernen, sondern lebt in steter Erwartung. Ich glaube nicht, daß Paulus das Opfer einer Täuschung geworden ist, als er mit der Entrückung zu seinen Lebzeiten rechnete. Ich bin vielmehr überzeugt, daß er – im Auftrag Gottes – ein Exempel statuiert, in welcher Erwartungshaltung wir leben sollten.

Von allen Briefen, die ich Dir bislang geschrieben habe, hat mir keiner so viel Kopfzerbrechen bereitet wie dieser. Wenn ich ein Thema aufgreife, sollte ich ja wenigstens versuchen zu erklären, weshalb ich es tue. Das ist im vorliegenden Fall schier unmöglich, denn bei der Entrückung werden Saiten angeschlagen, die man mit Worten nicht erschöpfend ausdrücken kann. Als rein sachliches Motiv könnte ich nur den Umstand anführen, daß durch die Entrückung die Gemeinde vor den Leiden der »großen Trübsal« bewahrt wird, so wie Lot oder Noah vor der Katastrophe bewahrt blieben. Ich will dieses Argument nicht abwerten, aber es trifft nicht den Kern der Sache. Die Entrückung soll ja nicht Flucht vor dem Leiden sein, sondern will als Erfüllung der christlichen Hoffnung schlechthin verstanden werden.

Diese Hoffnung ist nicht die Hoffnung auf das Reich Gottes um der besseren Verhältnisse willen, sondern die Hoffnung ganz allein auf *ihn:* Jede Sachbezogenheit tritt in den Hintergrund, die personale Beziehung, die Liebe, ist die Mitte. Das ist wohl auch der eigentliche Grund, weshalb Paulus von einem Geheimnis redet. Nicht die Entrückung an sich ist das Geheimnis, sondern das Motiv, das dahintersteckt: daß es Jesus so wichtig ist, den Tag seines in Jahrtausenden vorprogrammierten Triumphes, sein Kommen in Macht und Herrlichkeit, gewissermaßen im vertrauten »Familienkreis der Kinder Gottes« vorwegzunehmen. Das andere Geheimnis ist nicht minder groß, daß die Gemeinde dafür offen ist und mit Liebe antwortet.

Wenn Dir aufgeht, welches Werben Gottes, welch warme, persönliche Liebe hinter diesen Geheimnissen steckt, welche Kraft der Liebe das ganze Heilsgeschehen vorantreibt, bist Du gefeit gegen die vielen Heilslehren, die heute angeboten werden.

Menschen auf der Suche nach der Fülle

Wenn Du Dich nicht mit ein paar Kernsprüchen der Bibel zufriedengibst, sondern Dich um die umfassende Botschaft bemühst, wird Dir früher oder später bewußt werden, daß Jesus mehr ist als ein großer Lehrmeister, der den Menschen Verhaltensnormen vermittelt hat und der nur in Form dieser Verhaltensnormen, dem »Geist Christi«, weiterlebt, so wie jeder Dichter oder Musiker in seinen Werken weiterlebt und »aufersteht«, wenn sich Menschen finden, die die Werke zum Klingen bringen. Zweifellos gibt es das auch beim Werk Christi – mit dem grundlegenden Unterschied, daß es nur eine von vielen Komponenten seines »Werkes« ist.

Christus lebt nicht nur in seinem Wort und in seinen Werken weiter. Er ist bei uns alle Tage, noch viel wirklicher als während seines Lebens »im Fleisch«, aber eben für unsere Sinne nicht faßbar. Man muß dem Zeugnis der Bibel schon Gewalt antun, wenn man hinter ihren Aussagen nicht eine Existenzform erfühlt, die jeglichen natürlichen Erfahrungsbereich sprengt und die deshalb ein Geheimnis darstellt, das sich dem Zugriff des Verstandes entzieht.

Die persönliche Gemeinschaft mit dem lebendigen Gott, die Liebe zu ihm ist eine so subtile Wechselbeziehung zwischen dem Schöpfer und seinem Geschöpf, daß alles eigene Bemühen darum ein aussichtsloses Unterfangen ist. Liebe kann man nicht machen, sie ist ein Geschenk, ein *Re*agieren, ein Antworten auf das Handeln Gottes. Ein Glaube, der um dieses innerste Geheimnis nicht weiß, gerät leicht in jene Erstarrung, die man so vielen Christen zum Vorwurf macht. Es ist nicht verwunderlich, daß junge, suchende

Menschen dieses Defizit spüren und einen Hunger nach dem »lebendigen Wasser«, nach Fülle und Überfluß entwikkeln und dabei für Bibelstellen hellhörig werden, wo von dem allem die Rede ist.

Die Wege, die viele dieser Menschen gehen, sind nicht ausgetreten und durch jahrhundertelange Erfahrung abgesichert. Sie befinden sich auf einer nicht ungefährlichen Gratwanderung. Wer die Taktik des Feindes auch nur in den Ansätzen kennt, weiß, daß er alles daransetzt, solche Menschen stolpern und fallen zu lassen.

So kommt es, daß man in den vielgestaltigen Bewegungen, die wir unter dem Stichwort »Charismatiker« zusammenfassen, neben wirklich geisterfüllten Christen auch Menschen findet, die sich »vom Geist erfüllt« fühlen, in Wahrheit aber Verführte sind. In solchen Versammlungen kann es zum Beispiel vorkommen, daß schlichte Menschen nicht nur unverständliche Worte lallen, sondern in fremden Sprachen reden, die sie nie gelernt haben, manchmal sogar in Eingeborenendialekten, von deren Existenz sie überhaupt nichts wußten. Es kann sein, daß Zeichen und Wunder geschehen oder Kranke spontan geheilt werden. All dies können rechtmäßige Wirkungen des Erfülltseins mit dem Heiligen Geist sein. Die große Schwierigkeit liegt darin, daß bei diesen Phänomenen auch ganz andere Kräfte am Werk sein können. Es gibt wohl kein Gebiet im geistlichen Leben, wo es so schwer ist, die Spreu vom Weizen zu trennen. Mancher zieht daraus den Schluß, man müsse sich gegen alle diese unfaßlichen Wirkungen des Heiligen Geistes abschirmen. Ich glaube nicht, daß das richtig ist. Denn nicht die Erscheinungen an sich sind es, die wir beargwöhnen sollten, sondern der Wert, der ihnen zugemessen wird.

Wenn ein Charismatiker die Wirkungen des Heiligen Geistes nur im Spektakulären sucht und sie nicht gleichrangig mit anderen Wirkungen wie Weisheit, Geduld, Unterscheidung von gut und böse, Friede, Freude, Nächstenliebe, Hoffnung zu sehen vermag, steht er ohne Zweifel in der Gefahr, in okkulte Bereiche abzugleiten.

Für den Außenstehenden ist es nicht einfach zu unterscheiden, aus welchen Quellen ein Charismatiker seine Gaben hat. Man muß in der Schrift zuhause sein, vor allem in ihm einen Bruder sehen und ihm ohne Vorurteil begegnen, wenn man unterscheiden will, wes Geistes Kind er ist. Der gesunde Menschenverstand ist dabei kein zuverlässiger Ratgeber, denn der natürliche Mensch wehrt sich instinktiv gegen Phänomene, die außerhalb seines gewohnten Erfahrungsbereichs liegen. Ein erfahrener Christ, der das Wirken des Heiligen Geistes an sich und in seinem weltumspannenden Werk erlebt hat, machte es sich zur Gewohnheit, bei allen »Offenbarungen« kritisch zu fragen: »Bist du es, Herr?«

Die pauschale Ablehnung aller charismatischen Aufbrüche halte ich nicht für gut. Die Auseinandersetzung mit Charismatikern ist eine Herausforderung an uns, der auch Du Dich stellen solltest, obwohl sie mit gewissen Risiken verbunden sein kann. Charismatische Aufbrüche sind immer dann besonders gefährdet, wenn sie sich nicht im Rahmen mündiger Gemeinden vollziehen. Dann ist ungeistlichem Enthusiasmus, Massensuggestion und der Überbetonung einer einzigen oder einiger weniger Geistesgaben Tür und Tor geöffnet.

Bei aller Offenheit für charismatische Aufbrüche dürfen wir nie vergessen, daß der Weg der Gemeinde in diesem Zeitalter der Weg unter dem Kreuz ist, daß der Heilige Geist uns vor allem Spektakulären und Gefühlsbetonten zu einem tieferen Bibelverständnis führen und Christus groß machen will. Nur wenn wir das im Gedächtnis behalten, werden uns die Gaben nicht unversehens wichtiger als der Geber.

Zusammenfassend möchte ich betonen, daß die charismatische Bewegung die folgerichtige und notwendige Reaktion auf jahrhundertealtes vertheologisiertes Denken in weiten Kreisen der Christenheit ist. Die Gefahr ist natürlich groß, daß das Pendel nun nach der entgegengesetzten Seite ausschlägt und alle gewissenhafte theologische Arbeit unterbewertet wird. Hand in Hand damit geht eine Überbetonung des dritten Glaubensartikels. Das Wirken des Heiligen Geistes wird bei manchen Gruppierungen vom Erleben der Geistestaufe und dem Sprachengebet abhängig gemacht. Zeichen und Wunder bekommen ein Gewicht, das andere Heilswahrheiten zu verdrängen droht. So kann etwa mit der Überbewertung charismatischer Wirkungen ein Desinteresse an aktuellen politischen, kirchlichen, diakonischen und sozialen Fragen einhergehen. Das besondere Gewicht von Lobpreis und Segnung kann dazu führen, daß man sich anstehenden Fragen weder stellt noch sie verarbeitet, sondern daß man sie zudeckt. Das Wissen um die Möglichkeit, daß Gott durch seinen Geist auch unmittelbar reden und handeln kann, birgt die Gefahr des Mißbrauchs in sich.

Du siehst, es gibt keine Patentlösung im Glaubensleben; da ist alles im Fluß. Der Geist Gottes läßt sich weder in hierarchischen Strukturen noch in charismatischen Aufbrüchen institutionalisieren; er weht, wo er will. Wir können nur offen sein für sein Wirken in den verschiedensten Äußerungsformen, die wir allerdings an den Aussagen der Bibel messen müssen, denn der Heilige Geist führt nicht von der Bibel weg oder über sie hinaus, sondern immer tiefer in sie hinein. Er bewirkt jenes ausgewogene Schriftverständnis, das auf der ganzen Heilsbotschaft gründet und auf Dauer keine Fixierung auf Schwerpunkte zuläßt.

Das ist nicht einfach, und ich habe mich oft gefragt, ob ein einzelner Christ diese Ausgewogenheit überhaupt erreichen kann. Vielleicht ist dies der weltweiten Gemeinde Christi in ihrem Zusammenspiel verschiedenster Kräfte und Gaben vorbehalten. Daß jeder einzelne sie trotzdem anstreben soll, ist keine Frage. Ich glaube, Paulus weiß, wovon er redet, wenn er mahnt: »Den Geist dämpft nicht!«

Brauchen wir das prophetische Wort?

Wenn Du Dich dem Thema Prophetie zuwendest, mußt Du Dich zuerst durch einen Wust von Zerrbildern und Vorurteilen durcharbeiten. Die bewährten Autoren, bei denen man sich gerne Wegweisung holen würde, sind hier meist sehr zurückhaltend, und was sonst auf dem Büchermarkt zu finden ist, muß man sehr kritisch lesen.

Propheten sind zunächst einmal nichts anderes als Sprachrohre Gottes. Sie haben die Aufgabe, ihren Zeitgenossen und den Menschen allgemein zu sagen, wie Gott sie sieht und wie er ihr Handeln beurteilt. Sie geben Hinweise und sprechen Warnungen aus. Darüber hinaus haben sie aber auch Prophezeiungen und Zukunftsvisionen weiterzugeben. Diese Prophezeiungen haben nicht die Aufgabe, unsere Neugierde zu befriedigen, sondern sollen uns immer wieder vor Augen führen, wer Gott ist und daß er es ist, der die Fäden des Weltgeschehens in Händen hält. Durch diese Aussagen korrigieren die Propheten laufend das Gottesbild und damit auch das Weltbild, das jeder Mensch in sich trägt. Prophezeiungen können auch stärkend und festigend wirken. So sagt Jesus einmal zu seinen Jüngern im Blick auf sein Ende am Kreuz: »Ich sage es euch jetzt, damit wenn es geschieht, ihr euren Halt nicht verliert.«

Die Propheten sagen über Gott dreierlei aus:
- Gott ist heilig und wohnt in einem Licht, das Menschen nicht zugänglich ist.
- Gott ist gerecht, ein unbestechlicher Richter und Vergelter.
- Gott ist barmherzig, er ist *die* Liebe.

Diese drei Aussagen auf einen Nenner zu bringen, ist für uns nicht einfach; und doch hängt von der Ineinanderschau dieser drei Faktoren die Stimmigkeit unseres Gottesbildes ab, das nicht nur in der Theorie existiert, sondern konkret in unserem Alltag wirkt. Von Deinem Gottesbild hängt es ab, ob Du voller Gottvertrauen und gelassen oder gelähmt vor Angst Deine Tage verbringst, ob Du selbstherrlich und hochmütig bist oder demütig und schlicht, ob Du den Mut zur Wahrheit findest oder ob Du Dich in Lügen flüchten mußt. Vom richtigen, das heißt von der Bibel korrigierten Gottesbild hängt alles ab und wirkt sich bis ins seelische und körperliche Befinden aus.

Mit den Voraussagen dieser Gottesboten ist im Laufe der Jahrhunderte so viel Schindluder getrieben worden, daß mancher, der von seiner Umgebung ernstgenommen werden will, sich darüber am liebsten in Schweigen hüllt. So ist die an sich ganz normale und selbstverständliche Beschäftigung mit den Prophezeiungen zur Nebensache geworden, die nur in wenigen christlichen Kreisen verantwortungsbewußt ausgeübt wird. Der Schaden, der dadurch der christlichen Gemeinde zugefügt wurde, ist nicht abzuschätzen.

Die Bibel gewährt diesen Aussagen nicht von ungefähr so viel Raum. Die Gefahr einzuschlafen, die Erwartungshaltung aufzugeben, ist wohl eine der größten Gefahren für die Gläubigen aller Zeiten. Daß sich die göttlichen Zeitbegriffe nicht mit unseren decken, daß für ihn tausend Jahre wie ein Tag sind, ist für uns kurzlebige Menschen eine schier unüberwindliche Barriere, an den Versprechen Gottes festzuhalten.

Der Messias wird gleich im Anschluß an den Sündenfall versprochen, also Tausende von Jahren vorher. Abraham muß hundert Jahre alt werden, ehe er den versprochenen Sohn bekommt. Noah muß auf eine Katastrophe hinarbeiten, die erst nach 120 Jahren eintritt. Der »Bräutigam« läßt seine »Braut« nun schon bald zweitausend Jahre auf seine Rückkehr warten. Solche Zeiträume könnten wir ohne das feste Wort der Propheten niemals überstehen. Wir alle würden ohne das Vertrauen auf die Erfüllung der Prophezeiungen in Dauerschlaf verfallen und das große Ereignis verschlafen – mit allen Konsequenzen.

Durch den Wildwuchs, der heute das prophetische Schrifttum zu überwuchern droht, darfst Du Dich nicht davon abhalten lassen, die Prophezeiungen der Bibel ernstzunehmen und Dich mit ihnen eingehend zu beschäftigen. Die Prophetien des Alten und des Neuen Testaments sind uns nicht gegeben, damit wir sie einmotten. Wir brauchen sie dringend, wenn wir uns ein realistisches Welt- und Zukunftsbild aufbauen wollen.

Endzeit

Vieles, was ich Dir über die Prophetie geschrieben habe, gilt auch für die Endzeit. Schon der Begriff Endzeit ist durch kurzschlüssiges Denken und unsachliches Reden so in Verruf geraten, daß es fast unmöglich ist, ein vorurteilsfreies Gespräch darüber zu führen. Endzeit ist ein Begriff, den man eng und auch weit fassen kann. Im weiteren Sinne versteht man darunter die Epoche, die mit der Geburt Jesu beginnt, im engeren Sinn die Zeit kurz vor seiner Wiederkunft. Wenn man heute von Endzeit redet, denkt man normalerweise an den Zeitabschnitt vor dem Wiederkommen Jesu.

Die Endzeit spielt in der Bibel, ganz besonders aber im Neuen Testament, eine bedeutsame Rolle. Es wird auf Entwicklungen hingewiesen, die sich im Laufe der Weltgeschichte vollziehen werden, und es werden Kriterien genannt, an denen der Glaubende erkennen kann, wie weit die endzeitliche Entwicklung fortgeschritten ist. Solche Zeichen sind zum Beispiel die weltweite Verkündigung des Evangeliums, Judenverfolgungen, zunehmende Gottlosigkeit, verweltlichte Kirche, kräftige Irrtümer, die Heimführung Israels ins angestammte Land. Mit Ausnahme der weltweiten Evangeliumsverkündigung und der Gründung des Staates Israel waren diese Voraussetzungen mehr oder minder schon seit den Anfängen der christlichen Kirche gegeben und wurden immer wieder von einzelnen und ganzen Gruppen als Alarmzeichen für den Anbruch des Gottesreiches verstanden. Auch die scheinbar so klar umrissenen Kriterien wie weltweite Evangeliumsverkündigung und Heimholung Israels lassen einen gewissen Deutungsspielraum.

Ich habe mich schon oft gefragt, weshalb in der Bibel endzeitlichen Fragen so viel Raum gegeben wird und warum Jesus wiederholt dazu auffordert, auf die Zeichen der Zeit zu achten. Zweierlei soll wohl damit erreicht werden: Wir sollen nicht einschlafen, und wir sollen uns keinen Illusionen über die Menschheitsentwicklung hingeben. Von Höherentwicklung oder Vervollkommnung der Menschheit ist in der Bibel nämlich nicht die Rede; auch nicht von paradiesischen Zuständen, die der Mensch schafft, wohl aber von Ausreifeprozessen, Geburtswehen und raffinierter Verführung.

Wenn wir die endzeitlichen Aussagen der Bibel ernst nehmen, geht uns viel idealistischer Schwung verloren. Im selben Maß fließen uns jedoch Kräfte zu, die aus der Gewißheit kommen, daß Gott mit dieser Welt noch etwas vorhat und trotz allen Unheils, das er zuläßt, menschlicher Torheit Grenzen zu setzen weiß.

Auf die Dauer können wir diese realistische Weltsicht nur ohne Lähmungserscheinungen durchhalten, wenn wir die endzeitlichen Geburtswehen als etwas Vorletztes sehen lernen, das nicht im Chaos endet, sondern die Errichtung des Königreiches Jesu Christi auf dieser Erde zum Ziel hat.

Muß man beten lernen?

Wir geraten in unseren Gesprächen immer wieder an Grenzen, wo wir genau spüren, daß jedes weitere Wort verflachend oder sogar zerstörerisch wirken würde. Das ist dann der Punkt, wo jeder auf seine Weise weiterdenkt. Manchmal sucht man sich abzulenken, manchmal führt man Selbstgespräche, manchmal werden diese Selbstgespräche auch zu Dialogen auf anderer Ebene, wo Gott zum Gesprächspartner wird. Ich weiß nicht, ob Du abgebrochene Gespräche in dieser Weise fortsetzen kannst oder ob Dir Ablenkung oder einfach Nachsinnen im Augenblick als hilfreicher erscheint. Du bist in einer anderen Zeit großgeworden als ich. Es kann gut sein, daß unsere Denkweise verschieden ist und unsere Erfahrungen sich nur teilweise decken. Ich bin darum nicht sicher, ob für Dich der Bericht über meine Erfahrungen hilfreich ist – mindestens zum gegenwärtigen Zeitpunkt.

In jungen Jahren mußte ich mich mit theologischen Denkweisen auseinandersetzen, die im Gebet zuallererst ein hilfreiches Selbstgespräch sahen, wo man dem Herzen Luft machte oder in der Stille meditierend ruhig wurde, Abstand von den Dingen fand, Einsichten gewann und neue Kräfte sammelte. Manche vertraten auch die Auffassung, daß das Gebet eine Form der Autosuggestion sei, die Wunder wirken und eine echte Lebenshilfe sein könne. Wieder andere sahen im Gebet etwas magisch Wirkendes: man mußte nur fest an die Erfüllung des Gebetswunsches glauben, dann würde er auch erfüllt; die Dauer und die »Intensität« des Betens spielte bei dieser Denkweise eine vorrangige Rolle.

Ich bin der Ansicht, daß jede dieser Verhaltensweisen unser Gebetsleben für eine gewisse Zeit prägen kann. Vielleicht sind es sogar Durchgangsstationen, die wir durchlaufen müssen, bis wir durch den Umgang mit Gottes Wort korrigiert werden. Weiter glaube ich, daß unser Gebetsleben ein getreues Spiegelbild der Vorstellung ist, die wir uns von Gott als unserem Gesprächspartner machen. Wer in Gott nur die unpersönliche, alles durchwaltende Naturkraft zu sehen vermag, wird anders beten als einer, der in ihm den gütigen Nothelfer sieht. Wer schon einmal vor Gottes Heiligkeit erschrocken ist, wird zu anderen Gebetsformen finden als einer, der in Gott den alles verstehenden, alles verzeihenden Freund schätzt. Ich kann mir vorstellen, daß wir mit zunehmender Reife auf den verschiedensten Umwegen zu einem ganz schlichten Umgangston im Gespräch mit Gott finden dürfen, das im »Abba, lieber Vater« wieder ganz kindlich vertrauensvoll wird.

Obwohl mir dieser Kindersinn als leuchtendes Ziel vor Augen steht, möchte ich nicht auf die schwierigen Etappen meines geistlichen Werdegangs verzichten, wo mir Gott so erhaben und unnahbar erschien, daß ich mir schlecht vorstellen konnte, daß er, der Schöpfer des Alls, daran interessiert sein könnte, mit mir kleinem Wurm in ein persönliches, ja vertrautes Verhältnis zu kommen, wo sogar Kosenamen wie Abba (Papa) erlaubt sind.

Dabei war es mir auf manchen Wegstrecken eine Hilfe, daß Jesus nicht sagt: »So ihr nicht *bleibet* wie die Kinder«, sondern daß er sagt: »So ihr nicht *werdet* wie die Kinder, werdet ihr nicht ins Himmelreich kommen.« Jesus redet nicht der trägen Selbstgenügsamkeit das Wort, die nichts davon wissen will, daß sein Wort schärfer ist als ein zweischneidiges Schwert, daß es alles, aber auch alles in uns

Ernst Franz und Sternberg Verlag

Gesamt-
verzeichnis
1987/88

Auer, Eberhard Gottfried: *Der dritte Tag.* Nach den Auferstehungsakten der Evangelien. Geleitwort von Helmut Gollwitzer. 80 Textseiten, 4 Bildseiten, kart. DM 9,80.

– *Vom dritten Tag zum Tag des Herrn.* Das Zeugnis vom Grab des Messias. 96 Seiten, kart. DM 9,80.

Burgbacher, Berthold: *Geheimnisse Gottes.* Gedanken über Allversöhnung und Gnadenwahl. 40 Seiten, DM 2,50.

Lamparter, Dr. Helmut: *Lichter des Himmels inmitten der Welt.* Reden über den Brief des Paulus an die Philipper. 2. Auflage, 84 Seiten, kart. DM 7,50.

– *Unter Gottes gewaltiger Hand.* Reden über das Buch Jona. 40 Seiten, kart. DM 5,50.

– *Von des rechten Glaubens Trost.* Reden über das 11. und 12. Kapitel des Hebräerbriefs. 3. Auflage, 82 Seiten, kart. DM 7,50.

– *Wie eine Fackel brannte sein Wort.* Eine Auslegung der Elia-Texte. 4. Auflage, 96 Seiten, kart. DM 7,50.

– *Dein Wort war mir zu mächtig.* Die Bekenntnisse des Propheten Jeremia. 84 Seiten, engl. brosch. DM 7,50.

– *Zähle die Sterne.* Eine Zwiesprache mit Abraham. 4. Auflage, 112 Seiten, kart. DM 7,50.

Landes, Jakob: *Erfüllte Prophetie in der Geschichte.* Die Sprache Gottes im Weltgeschehen. 136 Seiten, kart. DM 14,80.

Langenberg, Heinrich: *Biblische Begriffskonkordanz.* Biblische Grundbegriffe heilsgeschichtlich und konkordant (nach dem Urtext übereinstimmend) erklärt. 6. Auflage, 544 Seiten, Leinen DM 40,–.

– *Die prophetische Bildsprache der Apokalypse.* Erklärung sämtlicher Bilder der Offenbarung. 312 Seiten, Leinen DM 26,–.

Lubahn, Erich: *Was kommt auf uns zu?* Apokalyptik – Endzeitfragen. 96 Seiten, kart. DM 9,80.

Luther, Ralf: *Begriffserklärungen zum Neuen Testament.* Herausgeber: Prof. O. S. v. Bibra. 64 Seiten, geh. DM 3,50.

Mumford, Bob: *Das verheißene Land und der Weg durch die Wüste.* Über die Versuchung im Christenleben. 128 Seiten, Paperback DM 12,80

Reusch, Bernhard: *Die Geschichte von Mose auf schwäbisch erzählt.* Mit Scherenschnitten von Margarete Hörger. 72 Seiten, kart. DM 6,80.

– *Die Josefsgeschichte auf schwäbisch erzählt.* Mit Scherenschnitten von Margarete Hörger. 3. Auflage, 64 Seiten, kart. DM 5,80.

Schneider, Dieter: *Hoffen auf den Geist.* Die Botschaft von Johann Christoph Blumhardt für unsere Zeit. 96 Seiten, kart. DM 9,80.

- *Die Gerechtigkeit aus dem Glauben – der rechtschaffene Glaube.* Betrachtungen über den Galater-Brief und den Jakobus-Brief. Ca. 204 Seiten, Leinen DM 14,–.

- *Der Grund der Propheten.* (Teil II) Betrachtungen über die Propheten Jona, Micha und Maleachi. 80 Seiten, Efalin DM 6,50.

- *Immanuel.* 1. Band. Aus den Tagebüchern. Geleitwort von Lic. Hans Brandenburg. 416 Seiten, Leinen DM 28,–.

- *Immanuel.* 2. Band. Aus Tagebüchern und Briefen. 408 Seiten, Leinen DM 28,–.

- *In der Schule Jesu.* ABC der heiligen Erkenntnis. 3. erweiterte Auflage 1985, 180 Seiten, Leinen DM 14,–.

- *Licht auf dunklem Wege.* Ausgewählte Worte. 4. Auflage, 64 Seiten, kart. DM 2,50.

- *Die Neuschöpfung.* Grundriß der christlichen Erkenntnis, dargestellt an den Zentralgedanken von Lehrern der Wahrheit. 567 Seiten, Leinen DM 30,–.

- *Wortverkündigung heute.* Reihe »Mit Gott im Alltag«. 16 Seiten, geh. DM 1,40. Mengenpreis ab 10 Hefte.

MUNZ, Alfred: *Philipp Matthäus Hahn. Pfarrer, Erfinder und Erbauer von Himmels- und Rechenmaschinen, Waagen und Uhren.* 144 Seiten mit 50 Abbildungen, darunter 5 farbigen. Format 17×24 cm. Leinen mit farbigem Schutzumschlag, DM 38,–.

OETINGER, Friedrich Christoph: *Epistelpredigten.* XVI/536 Seiten, Leinen DM 40,–.

- *Etwas Ganzes vom Evangelium.* Friedrich Christoph Oetingers Heilige Philosophie. Ein Brevier, unter Mitarbeit von Richard Haug ausgewählt und zusammengestellt von Guntram Spindler, Geleitwort von Prof. Dr. Otto Betz. XLII/486 Seiten, Leinen DM 44,–.

- *Herrenberger Evangelienpredigten.* 7. Auflage, 628 Seiten, Leinen DM 44,–.

- *Murrhardter Evangelienpredigten.* 7. Auflage (unveränderter Nachdruck der 6. Auflage), XII/564 Seiten, Leinen DM 35,–.

- *Passions- und Festtagspredigten.* 96 Seiten, Efalin DM 9,80.

- *Weinsberger Evangelienpredigten.* XVI/752 Seiten, Leinen DM 44,–.

RAU, Wilhelm: *Dem Tag entgegen. Das Zeugnis Philipp Matthäus Hahns vom Königreich Jesu.* 96 Seiten, kart. DM 11,80.

RUDERT, Erwin: *Ich will von Blumhardt lernen, daß Jesus Sieger ist.* Leben und Werk von Pfarrer Johann Christoph Blumhardt (3. Auflage 1986). 124 Seiten, brosch. DM 5,–.

SCHÄFER, Gerhard/HORKEL, Wilhelm: *Gott hat mein Herz angerührt.* Ein Bengel-Brevier. 176 Seiten, geb. DM 18,80.

SORG, Theo: *Leben in Gang halten.* Pietismus und Kirche in Württemberg. 212 Seiten, 7 Bilder, Leinen DM 24,–.

Zeugnisse der Schwabenväter

eingeleitet und herausgegeben von Dr. theol. Julius Roessle

BENGEL, Johann Albrecht:
- *Band VI: Du Wort des Vaters, rede du!* Ausgewählte Schriften, Predigten und Lieder. 160 Seiten, Leinen DM 12,80.
- *Band VII: In der Gegenwart Gottes.* Bekenntnisse und Zeugnisse. 160 Seiten, Leinen DM 12,80.

FLATTICH, Johann Friedrich: Band XI, *Über Erziehung und Seelsorge.* 2. Auflage, 176 Seiten, Leinen DM 12,80.

FRICKER, Johann Ludwig: Band V, *Weisheit im Staube.* 164 Seiten, Leinen DM 12,80.

HAHN, Philipp Matthäus: Band VIII, *Die gute Botschaft vom Königreich Gottes.* Eine Auswahl. 164 Seiten, Leinen DM 12,80.

HILLER, Philipp Friedrich: Band XII, *Das Wort und Christus in dem Wort.* Ausgewählte Betrachtungen und Lieder. Eingeleitet und herausgegeben von I. J. Weth-Scheffbuch. 180 Seiten, Leinen DM 12,80.

KOLB, Immanuel Gottlieb: Band XIII, *Gedenket an eure Lehrer!* Ausgewählte Gedanken, Betrachtungen und Briefe. Eingeleitet und herausgegeben von R. Baumann, 168 Seiten, Leinen DM 13,80.

OETINGER, Friedrich Christoph:
  Band I: Selbstbiographie. Genealogie der reellen Gedanken eines Gottesgelehrten. 148 Seiten, Leinen DM 12,80.
- *Band II: Die Weisheit auf der Gasse.* Aus den theologischen Schriften. 164 Seiten, Leinen DM 12,80.
- *Band III: Heilige Philosophie:* Ausgewählte Gedanken zum Verständnis der Schrift. 172 Seiten, Leinen DM 12,80.

RIEGER, G. K./BRASTBERGER, I. G.: Band IX/X, *Predigten und Zeugnisse.* Doppelband, 212 Seiten, Leinen DM 14,80.

Lebensbilder

DAM, Willem van: *Sie trugen die Fackel weiter.* Zwanzig Männer und Frauen, die sich von Gottes Geist bewegen ließen. 172 Seiten mit 13 Bildern, Paperback DM 16,80.

DITZENBACH, Elisabeth: *Geliebte Mirjam.* Aus dem Tagebuch einer jungen Familie, 2. Auflage, 136 Seiten, Paperback DM 11,80.
- *Meine Not ist mein Glück.* Neun weitere Jahre aus dem Tagebuch einer Familie. 168 Seiten, Paperback DM 12,80.

GALL, Dora: *Nicht umsonst vertraut:* 11. Auflage, 188 Seiten, kart. DM 14,80.

KURTZ, John W.: *Johann Friedrich Oberlin.* Sein Leben und Wirken. Aus dem Amerikanischen übersetzt von Ursula Stechow. 262 Seiten, 19 Bilder und 2 Farbtafeln, gebunden DM 26,–.

prüft, infragestellt und auch nicht vor dem verborgensten
Schlupfwinkel unserer Seele haltmacht. Solche Glaubenskri-
sen schlagen sich naturgemäß auch im Gebetsleben nieder.
Ich hatte Phasen in meinem Leben, wo das Gespräch mit
Gott abgerissen war oder sich nur sehr stockend vollzog,
wie mit einem Chef, der nur durch eine ganze Reihe von
Vorzimmern erreichbar ist. Das ist heute nicht mehr so, und
trotzdem möchte ich die Erfahrung distanzierter Heiligkeit
nicht missen. Zur rechten Gebetshaltung finden wir wohl
nur, wenn wir lernen, *beides* im Auge zu behalten: Gottes
Größe, Unnahbarkeit und Heiligkeit und sein warmes vä-
terliches Herz. Von der Zusammenschau beider Seiten
hängt die Echtheit unseres Gebetslebens ab, und die wünsch
ich Dir von ganzem Herzen.

Bibelarbeit im Alleingang?

Wenn ich Dir immer wieder die Bibel, das geoffenbarte
Wort Gottes, als Hilfe in Deiner Krise, als Schlüssel für ein
sinnvolles, erfülltes Leben anpreise, mußt Du den Eindruck
gewinnen, ich sei ein überaus eifriger Bibelleser, der die
Bibel schon mehrmals von vorne bis hinten durchgearbeitet
hat. Dem ist nicht so. Ich will Dir auch sagen, weshalb.
Die Gemeinde Christi ist einem hochdifferenzierten Organismus vergleichbar, in dem eine gewisse Arbeitsteilung
herrscht. Dementsprechend sind auch die Gaben verteilt. So
vergleicht Paulus die Gemeinde, den Leib Christi, mit einem
menschlichen Leib, wo jedes Organ andere Aufgaben hat,
aber zum Wohl des Ganzen.

Nicht jedem ist es gegeben, den ganzen Reichtum der Bibel mit ihren tausend Vernetzungen und Bezügen zu entdecken. Wir brauchen dazu Menschen, die diese spezielle Gabe und Aufgabe haben. Die Weitergabe dieser Erkenntnisse kann im schlichten Gespräch, in der Predigt, durch Bücher oder Kassetten erfolgen. Dem Buch kommt hier eine besonders bedeutsame Rolle zu, ganz einfach deshalb, weil die Verkündigung im Buch nicht unter Zeitdruck geschieht; sie kann beliebig ausgedehnt werden, man kann den Zeitpunkt wählen, man kann Denkpausen einlegen usw. Manche Gedankengänge lassen sich zum Beispiel in einer Predigt von zwanzig Minuten nicht herleiten oder gar auswerten. Sie sind so komplex, daß man weit ausholen muß, um sie umfassend und doch verständlich darzustellen.

Ich kann mir nicht vorstellen, wie man in unserer heutigen Situation, wo so viel Neues auf uns eindringt und verarbeitet sein will, ohne erklärende Bücher zur Bibel zu einem halbwegs geschlossenen Gesamtbild über die biblische Botschaft kommen soll.

Wenn Du nur eine Sammlung von Einzelwahrheiten aus der Bibel kennst, sie aber nicht untereinander in Beziehung setzen kannst, wenn Dir das Gerippe fehlt, das ein Einordnen ermöglicht, dann kann es vorkommen, daß Du durch an sich wahre Aussagen zu falschen Schlüssen kommst. In dieser Gefahr befindet sich jeder Laie, der sich auf Aussagen der Bibel beruft, ohne die Situation, in die hinein sie gesprochen sind, zu beachten. Wir Laien müssen zu einem eigenen Bibelverständnis kommen, aber dazu brauchen wir dringend die Hilfe von Fachleuten, die uns auf Zusammenhänge aufmerksam machen und uns das Gerüst aufbauen helfen, in das wir die Einzelwahrheiten sinnvoll einordnen können. Diese Arbeit, die jeder von uns Laien zu leisten hat, ist trotzdem nicht ganz einfach, denn nicht jeder Fachmann ist überall kompetent, und selbst die umfassendste Bibelkunde ist nicht lückenlos, der fähigste Bibelkundler hat Erkenntnislücken. An wen soll man sich halten, wenn jeder nur über stückweise Erkenntnis verfügt? Nun, man muß versuchen, das herauszufiltern, wovon man den Eindruck hat, daß es der biblischen Aussage am meisten entspricht, und das kann man nur, wenn man Sekundärliteratur über die Bibel und die Bibel gleichzeitig liest. Auf diese Weise arbeitet man sich in die Gedanken der Bibel ein und kommt ganz allmählich zu einem eigenen Bild, das nie abgeschlossen sein wird, aber doch im Laufe der Zeit zu einer gewissen »Sicherheit« führt, einer Sicherheit, die mit der Sicherheit von Hochrechnungen bei Wahlen vergleichbar ist, wo man auf Grund bestimmter Daten und Erfahrungen Schlüsse ziehen kann, die mit hoher Wahrscheinlichkeit stimmen, wo aber trotzdem noch Überraschungen möglich sind.

Für mich waren die Schriften am hilfreichsten, deren Autoren sich bemühten, »Schrift durch Schrift« zu erklären. Die Bibelarbeit mit Hilfe von Sekundärliteratur scheint mir für Nichttheologen ein legitimer Weg zu sein, tiefer in Gottes Wort einzudringen. Ob diese Form des Bibelstudiums auch Dir gemäß ist, mußt Du selbst herausfinden.

Gemeinde Jesu –
Kampfplatz oder heile Welt?

Junge Christen stoßen sich immer wieder an der Unvoll-
kommenheit, Zerrissenheit und Zerstrittenheit vieler Chri-
stengemeinden. Ob dieses Bild der Uneinigkeit etwas rein
Negatives ist, wage ich zu bezweifeln. Wo Leben ist, ist
auch Bewegung, und wo sich etwas bewegt, entsteht auch
Reibung. Das gilt nicht nur im physikalischen Bereich,
sondern auch im geistlichen.

Wenn eine Gemeinde nicht unter knechtischem Fraktions-
zwang steht, sondern einen Organismus mündiger Gemeindeglieder darstellt; wenn sie nicht ein Verein Gleichgesinn-
ter ist mit einer gewissen Nestwärme und anregender Unterhaltung; wenn nicht einer oder eine Gruppe den Ton
angibt, sondern das ganze Spektrum von Gaben und Bega-
bungen sich entfalten kann, dann werden immer verschiedene Meinungen und Auffassungen aufeinanderprallen. Der
Glaube an Jesus würgt ja die Individualität des einzelnen
Gemeindeglieds nicht ab, sondern bringt sie zur Entfaltung
und läßt charaktervolle, das heißt sehr verschiedenartige
Persönlichkeiten reifen.

Diese Reifungsprozesse, die eng mit einem Wachstum im
Glauben und in der Erkenntnis gekoppelt sein können,
verlaufen jedoch bei jedem anders und oft auch recht verschieden rasch. Das kann zu Spannungen und Meinungsverschiedenheiten führen. Sie haben schon den ersten Christen-
gemeinden viel zu schaffen gemacht. Die Gefahr ist groß,

daß man sich solchen Herausforderungen nicht stellt, sondern sich abschottet, auf Distanz geht, im Andersdenkenden nicht mehr den Bruder sieht und der Gemeinde schließlich den Rücken kehrt. Bei geistlich lebendigen Gemeinden ist diese Gefahr naturgemäß besonders groß. Gemeinsame praktische Aufgaben und Aktivitäten können sie mildern.

Ich will mit alledem nicht dem Unfrieden in den Gemeinden das Wort reden. Ich weiß auch, daß viel gute Arbeit in aller Stille geleistet wird, daß es vielerlei Gaben und Aufgaben in der Gemeinde gibt; aber darin darf sich eben das Gemeindeleben nicht erschöpfen. Gemeinden leben vom Wort, ihr inneres Wachstum ist weitgehend an ein tieferes Eindringen in das Wort Gottes gebunden. Neben dem Bibelstudium zuhause muß die Gemeindebibelstunde, wo Fragen und Rückfragen möglich sind, eine zentrale Stellung einnehmen. Hier muß jeder lernen, liebgewordene eigene Auffassungen korrigieren zu lassen, fremde Auffassungen ins eigene Denken zu integrieren und so sein Gesichtsfeld zu erweitern.

Das eigentliche Problem im Leben einer Gemeinde setzt erst da ein, wo wirklich lebendige, suchende Gemeindeglieder, die aus den Kinderschuhen des Glaubens herausdrängen, in ihr keinen Lebensraum mehr finden und zu der Überzeugung kommen, sie müßten auf Distanz gehen oder gar das Tischtuch zerschneiden.

In diesem Dilemma wurden mir die Auseinandersetzungen, die Paulus mit manchen seiner Gemeinden hatte, zur großen Hilfe. Er will keinen Frieden um jeden Preis, ihm ist die Genügsamkeit, die falsche Bescheidenheit in geistlichen Dingen, ein Dorn im Auge. Er will geistliches Wachstum, Reifen, Erwachsenwerden im Glauben, in der Erkenntnis Jesu Christi. Sein zentrales Anliegen ist es, daß jedes Gemeindeglied den vollen Heilsplan Gottes ergründet und erfaßt. Immer wieder klagt er über den mangelnden Willen, zum »vollen Mannesalter« auszureifen. Er möchte den Gemeinden kräftige Speise verabreichen und sie nicht mit Milch hochpäppeln. Aber – und das ist der springende Punkt – er spricht bei aller Sorge um den Entwicklungsstand mancher Gemeindeglieder keinem die Gotteskindschaft ab. Er kündigt auch dem zurückgebliebenen »Säugling« die Bruderschaft nicht auf und bewahrt so die Gemeinde vor dem Auseinanderbrechen.

Bei jeder Wanderung mit verschieden disponierten Teilnehmern erleben wir es, wieviel Geduld, Einfühlungsvermögen, Rücksichtnahme, kurz gesagt *Liebe* notwendig ist, um gemeinsam ans Ziel zu kommen. Sollte es bei der Wanderung der Gemeinde, die in zunehmendem Maß zur Gratwanderung wird, anders sein?

Zwar kommt es immer wieder vor, daß sich einzelne Gemeindeglieder oder ganze Gruppen so entwickeln, daß keine Verständigung mehr möglich ist und deshalb eine Trennung unumgänglich erscheint. Der Böse, der am Streit in der Gemeinde interessiert ist, weiß Konstellationen zu arrangieren, in denen Glieder am Leib Christi sich so weit von der Gemeinde entfernen, daß klare Trennungslinien gezogen werden müssen. Solche Fälle sind jedoch selten und sollten nur nach viel Gebet und mit wehem Herzen vollzogen werden. In der Regel sind Trennungen die Folge von geistiger Trägheit, mangelndem Einfühlungsvermögen und fehlender Liebe.

Gnade und Heiligung

Es ist mir ein wenig unwohl, wenn ich mich anschicke, mit Dir über Heiligung zu reden. Das Wort ist an so vielerlei Emotionen gekoppelt, aus denen es nicht leicht zu lösen ist. Wenn man sich dazu äußert, wird man sich auch der Distanz bewußt, die zwischen Wollen und Vollbringen besteht. Wenn man jedoch von Gnade reden will, darf man über Heiligung nicht schweigen. Gnade und Heiligung gehören zusammen. Sie stehen in einem inneren Spannungsverhältnis zueinander, das man nicht einfach auflösen kann. Wer es tut, läuft Gefahr, die Gnade zu jener billigen Schleuderware zu machen, von der Bonhoeffer sagt, sie habe mehr Seelen auf dem Gewissen als alle Werkgerechtigkeit. Wer Gnade in ihrer ganzen befreienden und deshalb auch so beglückenden Macht erleben will, muß wissen, wer ihm diese Gnade gewährt und welchen Preis sie hatte.

Wenn es uns nicht geschenkt ist, zu erkennen, daß wir es mit einem dreimal heiligen Gott zu tun haben, können wir unmöglich ermessen, wie tief unser Fall ist. Wir können dann auch nicht erkennen, was Sünde ist, sondern werden Sünde immer gleichsetzen mit moralischen Verfehlungen, was zwar in gewisser Hinsicht zutrifft, aber am Kernproblem: der Trennung von Gott, vorbeigeht. Solange uns das nicht aufgeht, können wir gar nicht einsehen, daß nur Gnade uns retten kann. Nur wenn wir ahnen, wie heilig Gott ist, erwacht in uns das unstillbare Verlangen, diesem Gott näher zu kommen, wieder das zu werden, was der Mensch vor dem Sündenfall war, als noch ungetrübte Gemeinschaft zwischen Schöpfer und Geschöpf bestand.

Aus dieser tiefen Sehnsucht heraus erwächst dann die Erkenntnis, daß bei allem guten Willen, bei allem Bemühen keine Chance besteht, von uns aus die Kluft zu überbrükken, die uns von diesem Ziel trennt. Auf diese Weise werden wir sensibilisiert für das Erlösungswerk, das der Sohn für uns vollbracht hat, der »uns zur Heiligung geworden ist«. Das bedeutet, daß der Vater das, was der Sohn ist, auf uns überträgt, das heißt mit anderen Worten: Ich muß mich nicht krampfhaft bemühen, so zu werden, daß Gott mich akzeptieren kann; das hat der Sohn für mich getan, ein für allemal, ohne Wenn und Aber, ohne Gegenleistung. Ich brauche dieses Angebot nur annehmen, der Zusage trauen, Gott beim Wort nehmen, mit anderen Worten: *glauben*.

Wenn wir das sehen, können wir gar nicht anders, als den, der aus Liebe zu uns all dies getan hat, wieder zu lieben. Was man aber von Herzen liebt, schaut man oft, ja unverwandt an, und so wird unser innerer Mensch unversehens in das Bild des Sohnes umgestaltet; denn was man liebt, prägt einen.

Heiligung ist darum nichts Exklusives. Doch ist sie ein Vorgang, der sich jedem bewußten Zugriff entzieht, den wir nicht steuern können. Sie stellt sich nur auf indirektem Weg ein, ganz von selbst, und zwar in dem Maß, wie Dir aufgeht, wer Gott ist, wie sehr er Dich liebt, welche atemberaubenden Ziele er mit Dir und der ganzen Menschheit im Auge hat. Nicht nur im Neuen Testament kannst Du dies erkennen, auch das Alte Testament ist voll von Hinweisen darauf.

Um Mißverständnissen vorzubeugen, mußt Du Dir darüber ganz klar sein: Heiligung ist nicht die Voraussetzung, daß Gott Dich annimmt, Dich zu seinem Kind, zu seinem erbberechtigten Sohn macht. Das geschieht gewissermaßen zum Nulltarif. Die Rechnung hat der Sohn beglichen, auf Heller und Pfennig. Der Heiligungsprozeß beginnt erst *nach* Deiner Einsetzung in die vollen Sohnesrechte und hat nichts mit Kasteiungen und frommem Krampf zu tun. Er vollzieht sich in dem Maße, wie Dir bewußt wird, in welch hohen Stand Du mit der Gotteskindschaft erhoben bist. Dein Denken und Dein Verhalten werden sich ändern. Deine Interessen werden sich anderen Dingen zuwenden. Du wirst von selbst an alles, was Du tust und erlebst, neue Maßstäbe anlegen. Du wirst neue Prioritäten setzen. Du wirst nicht pausenlos fragen müssen, was Du nun darfst oder nicht darfst, sondern wirst in die Freiheit der Kinder Gottes hineinwachsen. Gotteskinder erfüllen ihre Pflichten nicht unter Zwang oder Angst, sondern in der Gelöstheit derer, die sich auch ohne das Vorzeigen großer Leistungen geliebt wissen.

Widersprüche in der Bibel

Wenn Du die Bibel aufmerksam liest und gründlich darüber nachdenkst, wirst Du immer wieder auf Stellen stoßen, die sich widersprechen. Das kann einem schwer zu schaffen machen. Von einem göttlich inspirierten Wort erwartet man selbstredend, daß es widerspruchsfrei sei. Bei mir war es ein weiter Weg, bis ich über dieser Anfechtung einigermaßen zur Ruhe kam. Diese Beruhigung vollzog sich in Etappen, die z. T. recht lang andauerten. Sie beruht auf Gedankengängen, die ich Dir kurz skizzieren möchte:

Ich faßte die sich widersprechenden Aussagen als Worte eines liebenden Vaters oder Erziehers auf, der seinem Pflegebefohlenen – je nach Situation – auch nicht immer dasselbe sagt, sondern einmal ermutigt und tröstet, das andere Mal aber streng zurechtweist oder gar droht. Beides gilt, aber die Äußerungen sind situationsgebunden und zeitlich verschoben.

In manchen Fällen war es hilfreich, die sich widersprechenden Aussagen als Leitplanken aufzufassen, die den Menschen davor bewahren sollen, nach rechts oder links auszubrechen. Dem nach links Tendierenden muß etwas anderes gesagt werden als dem, der gerne nach rechts ausbricht.

Viele Schwierigkeiten machten mir die »dynamischen« Wahrheiten, denn Wahrheit muß nicht unbedingt etwas Statisches sein, das man in Dogmen festlegen kann, mit einem klaren Entweder-Oder. Wahrheit kann sich vollziehen, sie bewegt sich dann im Spannungsfeld zweier Pole, zweier Aussagen. Das ist für uns nicht unbedingt angenehm; denn von Natur aus schätzen wir die Ruhe und wollen klare Verhältnisse. Nur keine Experimente, nur kein Schwebezustand, nur nicht zwischen den Stühlen sitzen! Daß Wahrheit etwas sich Bewegendes ist, ist nicht bequem, aber es kann uns vor jener statischen Starrheit bewahren, die sich wohl klar abzugrenzen weiß, aber oft auch Mauern aufrichtet, die einengen und trennen.

Es gibt in der Bibel aber auch Aussagen, die sich auf den vorerwähnten Wegen nicht auflösen lassen, wenn es zum Beispiel darum geht, ob Christen noch sündigen können oder nicht, ob Errettete doch noch verlorengehen können oder nicht, ob Gläubige »den Tod schmecken« oder nicht, ob zum Glauben die Werke kommen müssen oder ob der Glaube allein uns rettet. Alle diese Standpunkte kann man vertreten, und sie haben klare biblische Aussagen hinter sich. An den Meinungsverschiedenheiten,, die sich daraus ergeben, sind schon viele Gemeinden zerbrochen.

Man kann dieses Problem nur lösen, wenn man es nicht isoliert betrachtet, sondern im Rahmen der vielschichtigen Gesamtbotschaft. Ich mußte sehr lange warten, bis ich auf Auslegungen stieß, die mir eine befriedigende Antwort auf diese Fragen geben konnten. Ich will Dir diese Gedankengänge hier nicht ausführlich darlegen (denn anders ist es ohne die Gefahr von Mißverständnissen nicht möglich), sondern Dir für heute nur sagen, daß die scheinbaren Widersprüche der Bibel nicht aufgelöst werden können, indem man die Bibel korrigiert, sondern vielmehr dadurch, daß man um ein Denkvermögen bittet, das nur der Heilige Geist zu geben vermag. Viele biblische Gedankengänge lassen sich nur nachvollziehen, wenn wir lernen, Dinge als vereinbar zu begreifen, gegen deren Vereinbarkeit sich unser Menschenverstand sperrt.

Ergänzend wäre noch zu sagen, daß viele scheinbaren Widersprüche in der Bibel sich einfach dadurch auflösen, daß sie nicht nur in verschiedene Situationen derselben heilsgeschichtlichen Epoche hineingesprochen sind, sondern für verschiedene Phasen der Heilsgeschichte gelten. So gelten zum Beispiel im Zeitalter des Gesetzes nicht dieselben Normen wie im Zeitalter der Gnade oder gar des messianischen Reiches. Was für Israel bindend ist, muß nicht unbedingt auch für die »Nationen« verpflichtend sein. Um derartige Unterscheidungen treffen zu können, brauchen wir Laien die Erkenntnisse kompetenter Theologen als Hilfe.

Die Heilige Schrift

Du bist in den vergangenen Jahren bei den verschiedensten Anlässen immer wieder mit der Bibel konfrontiert worden. Und nun taucht dieses zum Reizwort gewordene Stichwort hier auch immer wieder auf. Es käme einem Wunder gleich, wenn Du nicht allergisch reagieren würdest. Du hast dieses Wort so oft in Verbindung mit negativen Erfahrungen gehört, daß es schwierig ist, es ganz neu und vorurteilsfrei auf Dich wirken zu lassen. Und doch hängt gerade davon so unendlich viel, ich bin versucht zu sagen: *alles* ab. Mir steht in diesem Zusammenhang das Wort vor Augen: »Gottes Wort ist kein vergebliches Wort an euch, es ist euer Leben.« (5. Mose 32,47)

Wie bei so vielen kostbaren Gaben Gottes ist es auch hier. Man muß zuweilen wie ein Archäologe viel Schutt wegräumen, ehe man den Fund in seiner ganzen Vollkommenheit erkennen kann. Um die Bibel ranken sich so viele vorgefaßte Meinungen, daß es nicht einfach ist, sie in ihrer ursprünglichen Kraft auf sich wirken zu lassen.

Sie gleicht einem riesigen Schloß mit vielen Wirtschafts- und Repräsentationsräumen, mit Erweiterungsbauten aus verschiedenen Epochen, mit Privaträumen, die nur durch unscheinbare Tapetentüren zu erreichen sind. Jeder Besucher macht sich ein anderes Bild, jeder setzt andere Schwerpunkte, und nicht jeder macht sich die Mühe, sich einen Gesamtüberblick über das Bauwerk zu verschaffen. Und doch hängt von dieser Gesamtschau viel ab. Erst durch sie gewinnen die Details ihren Sinn und den rechten Stellenwert im Gesamtgefüge.

Du hast mir einmal ein Buch geschenkt, in dem Prominente nach ihrem Verhältnis zur Bibel befragt werden. Die Antworten waren durchweg positiv, aber so grundverschieden wie die Persönlichkeiten selbst. Was die Bibel wirklich ist, wie sie von Gott her gemeint ist, welche Konzeption sie hat, kannst Du letztlich nur durch sie selbst erfahren.

Gib Dich nicht zufrieden mit ein paar Bruchstücken, versuche Dir einen Gesamtüberblick zu verschaffen. Mach Dich noch einmal auf die Suche und laß Dir Zeit. Erwarte einerseits keine Patentlösungen, sei aber auch nicht bescheiden in Deinen Erwartungen. Du wirst Worten mit ungeheurem Gewicht begegnen, die Dir Boden unter den Füßen schaffen, wenn Du sie ernst nimmst: »Dein Wort ist die Wahrheit.« – »Die Wahrheit wird euch frei machen.« – »Wer aus der Wahrheit ist, hört meine Stimme.« – »Wer zu mir kommt, den werde ich nicht hinausstoßen.« Worte von weltbewegender Tragweite, die kein Mittelmaß zulassen, die nur *einer* sagen kann.

Wie ich Dir schon in einem anderen Brief geschrieben habe, glaube ich nicht, daß der Heilige Geist jedes Komma in der Bibel diktiert hat, und trotzdem bin ich überzeugt, daß die Bibel Gottes inspiriertes Wort ist. Impressionistische Gemälde werden mir dafür immer wieder zu einem hilfreichen Gleichnis: Wenn man von einem solchen Bild nur einen Ausschnitt, vielleicht sogar mit der Lupe, betrachtet, kann man lediglich ein wirres Durcheinander von Strichen und Farbklecksen erkennen. Betrachtet man jedoch das ganze Bild aus einer gewissen Entfernung, so bekommen die wirren Striche und Punkte plötzlich Sinn. Ähnlich wirr wird das Gottesbild derer sein, die glauben, mit einem Vorrat mehr oder weniger zusammenhangloser Kernsprüche der Bibel auskommen zu können. Das soll nicht heißen, daß ich den Wert solcher Kernsprüche bestreiten will. Ihr volles Gewicht bekommen aber alle Einzelaussagen der Bibel erst im Zusammenhang mit der Gesamtbotschaft.

Im Blick auf die Bibel glaube ich, daß der Heilige Geist nicht nur einfach, sondern in doppelter Hinsicht wirksam ist: zuerst – wie erwähnt – bei ihrer Entstehung, dann aber um keinen Deut weniger kreativ, wenn er dem Leser das Wort erschließt. Sicher hast Du schon die Erfahrung gemacht, daß Du jahrelang blind für etwas warst, und plötzlich fiel es Dir wie Schuppen von den Augen; danach war es Dir ein Rätsel, wie Dir Gedanken, die Du schon so oft gelesen oder gehört hast, in ihrem tieferen Gehalt verschlossen sein konnten. Wenn man sich vor Augen hält, welche Sperren die eigene Erkenntnisfähigkeit blockieren können, wird man sehr zurückhaltend bei der Beurteilung von Aussagen, die Dir im Augenblick (noch) nichts bedeuten.

Als ich jung war, sah ich in jedem Schriftsteller, der positiv von der Bibel sprach, ein Vorbild. Es war für mich schwer zu verkraften, als ich feststellen mußte, daß die Dinge so einfach nicht liegen: Zwar ist die Bibel ein literarisches Werk ersten Ranges, ein Geschichtsbuch, eine unerschöpfliche Fundgrube für Lebensweisheiten, zwar eröffnet sie Zukunftsvisionen und je nach Betrachtungsweise noch vieles mehr. All dies ist wertvoll und rechtens; doch die eigentliche Absicht der Bibel scheint es mir nicht zu sein. Nicht einmal Israel stellt das Hauptthema der Bibel dar, sondern Gott, und daraus erst entwickelt sich alles weitere.

Mancher Bibelausleger stellt sich positiv zur Bibel, hat aber dieses zentrale Anliegen nicht begriffen, auch wenn er kluge und sehr beherzigenswerte Gedanken äußert. Gegenüber solchen Deutungen Vorbehalte zu äußern, wird besonders schwierig, wenn es sich um hochkarätige, weithin anerkannte Theologen handelt. Da wird man als Laie unversehens und ungewollt schnell zum Außenseiter.

Von den theologischen Systemen, die mir zugänglich waren, konnte ich keines als Ganzes übernehmen. Bei keinem wurde ich den Eindruck los, daß irgendetwas fehle. Sollte es mangelnde Klarheit über das Ziel sein? Gottes Tun hat doch überall eine Intention. Er handelt doch nicht ins Blaue hinein. Er speist uns doch nicht mit einem Vorrat kluger Sätze ab, die dann jeder nach Gutdünken selbst zu einem Ganzen zusammenfügen muß. So relativ, so vage kann doch das Wort nicht sein, von dem Jesus sagt, es sei die Wahrheit. Es mußte doch eine durchgängige Gesamtschau, eine erkennbare Konzeption, einen Plan mit Anfang und Ende geben! Die Zielangabe, die das Glaubensbekenntnis formuliert, war mir zu pauschal. Ich konnte so vieles, wovon in der Bibel in klaren Worten die Rede ist, in diesem Gebäude nicht unterbringen und schon gar nicht einordnen. Sollte es Vermessenheit sein, hier weiterzufragen? Paulus ermutigt doch immer wieder dazu. Er ist es doch, der immer wieder betont, daß Gott seinen Kindern die Geheimnisse seines Ratschlusses offenlegen und offenbaren will, wenn sie nur wollen . . .

Die Angriffsstrategien Satans gegen die Bibel sind nicht zu allen Zeiten dieselben. Als ich so alt war wie Du, machten mir die Umdeutungsversuche mancher Christen viel zu schaffen. Es wurden biblische Begriffe benutzt, aber man gab ihnen einen Sinn, der mit dem Grundtenor der Bibel nicht vereinbar war. Diese Gefahr scheint mir weitgehend gebannt zu sein, soweit es den innerkirchlichen Bereich betrifft. Was mir heute zu schaffen macht, ist der Umstand, daß manche Aussagen der Bibel einfach totgeschwiegen werden. Ich weiß nicht, welches die größere Gefahr ist: die

Umdeutung oder die Verkürzung. Gegen Umdeutungsversuche kann sich eine mündige Gemeinde wehren, aber was soll man tun, wenn etwas einfach nicht mehr erwähnt wird? Die Sekten nehmen sich dann dieses Gedankengutes an und machen Zerrbilder daraus.

Du siehst, jede Zeit, jeder Mensch muß in spezieller Weise um das rechte Verhältnis zur Bibel kämpfen. Es ist ein Kampf, der sich lohnt. Wenn man um etwas kämpfen muß, lernt man es schätzen und lieben.

Worauf hoffst Du?

Nicht jeder spricht seine Hoffnungslosigkeit und die damit einhergehende Todessehnsucht so offen aus wie Du; sie schwelt aber bei vielen Zeitgenossen jeden Alters unbewußt, uneingestanden oder unausgesprochen hinter der Fassade. Ich war sehr betroffen, als Du Deine Gedanken so unverblümt dargelegt hast. Bei aller Betroffenheit habe ich aber auch Deinen Mut bewundert, dem Dilemma Deines Lebens so klar ins Auge zu sehen. Solche Situationen sind zwar meist sehr bedrückend, sie können jedoch – wenn man ihnen Zeit zum Ausreifen läßt – auch Ansatzpunkt für eine ganz neue, befreiende Lebensgestaltung werden.

Du weißt aus eigener Erfahrung, daß ein Leben ohne Hoffnung nicht lebenswert ist. Ich bin der Überzeugung, daß der Mensch auf Hoffnung angelegt ist. Wenn man jedoch den Begriff Hoffnung näher zu definieren sucht, merkt man bald, daß jeder etwas anderes denkt, wenn er das Wort benutzt. Hoffnungen sind so verschieden, wie die Menschen sind. Was für den einen unaufgebbar ist, läßt den anderen kalt; der eine bemüht sich um die Gesundheit seiner Seele, dem anderen genügt es, wenn sein Leib gesund ist; die Gedanken des einen kreisen ausschließlich um sein gegenwärtiges Leben, der andere kann nicht leben, ohne an seine Existenz nach dem Tode zu denken.

Ich denke seit langem darüber nach, was denn das Spezifische der christlichen Hoffnung sei. Einerseits darf der Christ hoffen, daß sein Erdenleben unter Gottes Schutz und Fürsorge steht. Andererseits wehrte sich etwas in mir gegen eine Denkweise, die in Gott *nur* den Beschützer und Nothelfer sieht, auf dessen Beistand man hofft. Diese Formen der Hoffnung haben ohne Frage ihre Berechtigung, nur kann ich sie nicht spezifisch christlich nennen. Ich meine, die »christliche Hoffnung« habe noch einen weiteren Aspekt, sei von anderer Qualität.

Dieses Leben ist vergänglich und hat deshalb seinen Sinn nicht in sich selbst. Es zielt auf etwas Größeres, Vollkommenes hin, auf wiedergewonnene Gottesebenbildlichkeit, auf Fülle, auf Ewigkeit. Hoffnungen dieser Art werden natürlich von vielen belächelt und beargwöhnt; man kann sie als Flucht aus den Pflichten und Nöten des grauen Alltags deuten, und bis zu einem gewissen Grad kann das sogar zutreffen.

Ich bin trotz dieser Bedenken vom Gegenteil überzeugt. Ich glaube, daß das Leben hier überhaupt nur vor dem Hintergrund einer lebendigen Hoffnung auf die Teilhabe an der Vollkommenheit des Reiches Gottes zur vollen Entfaltung kommen kann. Viele Spannungen und Fehlentwicklungen haben im Verlust der Hoffnung auf die Ewigkeit ihre Wurzel. Wenn Du von Deiner irdischen Existenz letzte Erfüllung erhoffst, überforderst Du dieses Leben; Du willst etwas herausholen, was nicht drin ist. Ohne lebendige Hoffnung auf das Vollkommene, auf Jesus und sein Reich haben wir Mühe, unseren geistlichen Hunger zu stillen.

Ich finde, die Bibel ist hier sehr realistisch, indem sie uns lehrt, Fragezeichen hinter unser vordergründiges Streben und Hoffen zu setzen. Erst die legitime Ewigkeitshoffnung setzt uns Christen instand, den Dingen dieser Welt den richtigen Stellenwert, das ihnen zukommende Gewicht zu geben: »... daß uns werde klein das Kleine und das Große groß erscheine.« Wenn wir uns nicht täglich neu bemühen, unser Leben mit Blick auf die Ewigkeit zu leben, verlieren wir leicht die Zuversicht und die Gelassenheit, die der Mutterboden für wirkliche Güte und segensreiches Tun sind.

Neue Heilslehren

Auf der Suche nach glaubwürdigen Lebensgemeinschaften bist Du mit vielen Menschen in näheren Kontakt gekommen und hast dabei die verschiedensten Erfahrungen sammeln können. Ich glaube, es ist gut, wenn man sich ein wenig umschaut; doch ganz ungefährlich ist solches Suchen nicht, denn viele dieser Gruppierungen legen die Karten nicht offen auf den Tisch und verfolgen keine selbstlosen Ziele. Oft wird viel von Freiheit geredet, aber praktiziert wird sie nicht.

Eine Gemeinschaft, von der Du mir Werbematerial mitgebracht hast, hat mein besonderes Interesse geweckt, weil sie sich auf den ersten Blick recht christlich gab. Als ich mich jedoch eingehender mit ihrem Gedankengut befaßte, gewann ich den Eindruck, daß sie eindeutig der Denkrichtung zugeordnet werden muß, die man unter dem Stichwort »New Age« zusammenfassen kann.

Diese weltweite Bewegung kann man nicht mit ein paar Schlagwörtern abtun. Man wird ihr auch nicht gerecht, wenn man ein bequemes Schwarz-Weiß-Bild von ihr zeichnet. Was mit New Age zusammengefaßt wird, mag im engeren Sinn eine Organisation oder eine Bewegung sein – im weiteren Sinn ist es eine Denkweise, die ihre Wurzeln weit in der Vergangenheit hat und keimhaft wohl in jedem Menschen vorhanden ist. Sie ist sehr vielschichtig und vielgestaltig und bietet – objektiv gesehen – eine Unmenge wertvoller Denkanstöße. All dies Positive ist jedoch von Tendenzen durchsetzt, die mit vielen Grundaussagen der Bibel unvereinbar sind und an etlichen Punkten okkulte und antichristliche Züge tragen.

Das neue Zeitalter, das die New-Age-Leute heraufziehen sehen und für dessen Verwirklichung sich viele in selbstloser Weise einsetzen, steht ganz im Sternbildzeichen des Wassermanns (im Gegensatz zum Sternbildzeichen der Fische, unter dem dieser Lehre zufolge die christliche Epoche stand). Es wird erwartet, daß umwälzende Dinge geschehen, daß Kräfte aus dem Weltall neugestaltend auf die Erde einwirken und daß besonders erleuchtete Menschen diese Vorgänge fördern und beschleunigen können, indem sie ganz in Harmonie mit diesen kosmischen Kräften leben. Positives Denken, Harmonie zwischen Mensch und Natur, Friede, Liebe sind ganz zentrale Themen. An die Entwicklungsfähigkeit des Menschen werden hohe Erwartungen geknüpft. Auch die Reinkarnation spielt im New-Age-Denken eine bedeutsame Rolle: Was – trotz kosmischer

Unterstützung – im gegenwärtigen Leben nicht erreicht wird, kann sich dann in künftigen Wiederverkörperungen bis zur wahren Menschlichkeit vollenden.

Es sind – wie Du aus eigener Erfahrung weißt – nicht die Schlechtesten, die sich dieser Lehre verschrieben haben. Viele intelligente, weitherzige, engagierte Menschen, ganz besonders Idealisten, fühlen sich vom New-Age-Denken angesprochen. Man kann auch immer wieder feststellen, daß sich das Gedankengut der New-Age-Bewegung in den verschiedensten Abstufungen bei Menschen findet, die das Wort New Age überhaupt noch nie gehört haben. Nicht selten findest Du es sogar bei »praktizierenden« Christen. Das New-Age-Denken muß demnach nicht erst von New-Age-Anhängern propagiert worden sein; es schlummert in jedem, der sich ernsthaft Gedanken über die Zukunft der Menschheit macht. Es liegt nahe, daß Christen, die von den New-Age-Perspektiven fasziniert sind, versuchen, christliches Gedankengut und Aussagen von New Age in Einklang zu bringen; dabei können imponierende Ergebnisse herauskommen, die so von christlichen Gedanken durchtränkt sind, daß es einem schwerfällt, sie abzulehnen.

Auf einen sehr einfachen Nenner gebracht kann man sagen, daß es – wenn auch viel von Gott und dem Göttlichen in uns die Rede ist – bei New Age letztlich um Selbsterlösungsversuche geht. Die Anhänger solcher Strömungen gehen davon aus, daß der Mensch an sich gut ist, daß seine Höherentwicklung praktisch nur eine Frage der äußeren Umstände und der Zeit ist. Das Paradies entsteht evolutionistisch durch Umdenken, durch Erleuchtung, durch kosmische Kräfte. Eines Erlösers bedarf es nicht.

Du wirst Dich fragen, weshalb ich der New-Age-Bewegung so viel Beachtung schenke. Wenn doch »Gott im

Regiment sitzt und alles wohl führt«, muß man dann so auf Fehlentwicklungen achten? Ist das nicht alles Haarspalterei? Gibt es nicht einen viel schlichteren Weg: ganz einfach selbst das Rechte tun? Ich habe mir diese Frage mehr als einmal gestellt. Ich weiß, daß man die Probleme nicht suchen soll; andererseits soll man sich ihnen auch stellen, wenn sie einen bedrängen. Immer wieder wurde ich mit Situationen konfrontiert, die mich zu einer Stellungnahme zwangen. Wenn man aber Stellung beziehen will, muß man sich informieren, und auf diese Weise gerät man zuweilen schon tiefer in eine Sache hinein, als unbedingt nötig wäre. Aber wer weiß da im voraus so klar, wo die Grenzen liegen?

Die eingehende Beschäftigung mit New Age bewirkte bei mir nicht nur, daß ich Gefahren erkannte; die positive Wirkung bestand darin, daß mir in der Auseinandersetzung mit diesen Gedanken die wunderbare Geschlossenheit und Zielklarheit des biblischen Heilsplans immer bewußter wurde. Das soll natürlich nicht heißen, daß man nur auf diesem Umweg zu dieser Erkenntnis kommen kann; es mag sein, daß es Menschen gibt, die in schlafwandlerischer Sicherheit den direkten und damit kürzesten Weg zu einer klaren, fundierten Glaubensgewißheit finden. Ich habe nicht den Eindruck, daß Du zu ihnen gehörst: Du mußt *Deinen* Weg weitergehen, Du hast nach rechts und nach links geschaut, und deshalb mußt Du Dich mit dem, was Du dabei gesehen hast, auch auseinandersetzen. Ich kann es nicht für Dich tun, ich kann Dir im günstigsten Falle ein paar Wegmarken aufzeigen, die mir seinerzeit die Orientierung erleichtert haben.

Es mag sein, daß ich der New-Age-Bewegung trotz allem zu viel Ehre angedeihen lasse; vielleicht ist sie nur eine Seifenblase, die bald platzt und bloß ein paar enttäuschte

Mitläufer hinterläßt. Die Initiatoren dieser Bewegung und die verborgenen Mächte, die letztlich hinter all diesen Machenschaften stehen, geben sich aber garantiert nicht geschlagen. Der Geist, der alle derartigen Bestrebungen vorantreibt und in einem raffiniert geknüpften Netzwerk weltweit koordiniert, wird dann eben mit einer überarbeiteten Neuauflage, mit verändertem Titel und wahrscheinlich in noch überzeugenderem, noch frommerem Gewand, das gleiche Thema unters Volk bringen: Die Vorwegnahme des messianischen Reiches, diesem täuschend ähnlich, aber ohne Gottes Ja.

Es ist eine große Last, die ich Dir da aufbürde; denn wenn Dir diese Gedanken unter die Haut gingen, hätte das zur Folge, daß Du vieles nicht mehr unbefangen sehen, hören und tun könntest. Du würdest aus Deiner Einzelgängersituation nicht befreit, sondern noch tiefer in sie hineingetrieben. Selbst wenn Du wolltest, könntest Du nicht mehr naiv und harmlos dem Trend der Zeit folgen. Das ist nicht einfach, und trotzdem möchte ich Dich ermutigen, nicht zu kapitulieren. Diese Schwierigkeiten sind Durchgangsphasen, durch die mancher Christ – wenn auch jeder auf andere Weise – hindurch muß. Wenn Du Deinen Weg unbeirrt gehst und die Wegmarken der Bibel beachtest, bekommst Du im Laufe der Zeit jenes feste Herz, das wohl um die Gefahren weiß, aber doch gelassen bleibt, weil es weiß, daß es keinen sinnlosen Kampf kämpft und daß es auf der Seite des Siegers steht.

Ist Liebe wählerisch? _____

Ein ganz heißes Eisen der biblischen Botschaft ist die Erwählung. Der Gedanke der Erwählung durchzieht die ganze Heilige Schrift und hat viele unserer Gespräche belastet, weil wir weder Zeit noch Geduld hatten, den Begriff wirklich zu klären.

Auf den ersten Blick sieht Erwählung nach Bevorzugung und Ungerechtigkeit aus. Bei näherem Zusehen stellt sich jedoch heraus, daß dies nicht zutrifft. Erwählte – seien es Einzelpersonen oder ein ganzes Volk – empfinden die Erwählung mindestens zeitweise nicht als Vorzug, sondern als drückende Last, die sie am liebsten abwerfen würden, »um zu sein wie die anderen«.

Erwählung bedeutet in der Bibel immer ein In-Dienst-genommen-Werden, Vorreiter, Demonstrationsobjekt, Vorausabteilung, »Erstlingsgarbe« zu sein. Wenn Gott also Einzelpersonen, Familien, Völker, die Gemeinde aussondert (wie etwa Abraham, die Familie Jakobs, das Volk Israel, die Gemeinde Jesu), so verfolgt er dabei immer Ziele mit größeren Völkergemeinschaften, der Menschheit, ja der ganzen Kreatur.

Erwählte werden meistens in eine besonders harte Schule genommen und geraten in Anfechtungen, die sie immer wieder an Gottes Liebe zweifeln lassen. Sie können auch über lange Zeiten »dahingegeben« sein und Wegstrecken zurücklegen, die alles andere als beispielhaft und ermutigend für die Umwelt sind – und trotzdem (oder gerade deshalb?) sind sie Erwählte. Diese Wahrheit durchzieht die

ganze Bibel, aber am klarsten zeichnet sie sich am Volk
Israel ab.

Im gleichen Atemzug muß man allerdings sagen, daß dies
nur die eine Seite des Erwähltseins ist. Erwählte haben auch
Zeiten und Erlebnisse, die die Lasten der Erwählung vergessen machen. Sie lernen Gott durch den hautnahen Umgang
mit ihm immer besser kennen, machen Erfahrungen mit
ihm, gewinnen Einblick in Gottes Pläne und sein Handeln,
was sie zutiefst beglückt. Sie erkennen, daß Erwählung
nicht nur Last ist, sondern ein unverdientes Vorrecht, das
unerklärlich ist und keineswegs auf besonderer Qualifika-
tion beruht. Erwählte erkennen in überwältigender Weise
Gottes souveräne Herrlichkeit, Allmacht und Liebe und
können nur noch staunen und anbeten. Es kann vorkommen, daß sie von Gott so gezüchtigt werden, daß sie in
Tränen zerfließen; doch nicht selten geschieht es auch, daß
sie mit noch nassen Augen in überfließenden Lobpreis
ausbrechen, weil sie in aller Drangsal die heimsuchende,
zielgerichtete Liebe Gottes spüren.

Der Fürst dieser Welt

Es hat mich viel Nachdenken gekostet, wie ich das Thema,
über das ich Dir heute schreiben möchte, anpacken kann.
Ich habe es deshalb auch immer wieder von mir geschoben.
Mancher ist peinlich berührt, wenn man das Böse personifi-
ziert. Vielleicht sind es die vielen primitiven Bilder, die man
sich im Laufe der Geschichte von Satan gemacht hat, die es
dem modernen Menschen so schwer machen, den Widersa-

cher Christi ernst zu nehmen und ihn in sein Weltbild zu integrieren.

Das Bild, das die Bibel von Satan zeichnet, ist keineswegs so harmlos, daß man ihn als mystisches Überbleibsel längstvergangener Zeiten abtun könnte. Ich habe absichtlich nicht einen der gängigen Titel Satans gewählt, um dies zu unterstreichen.

Viele unserer Gedanken, Pläne und Unternehmungen sind unrealistisch und deshalb auch oft von vornherein zum Scheitern verurteilt, weil wir einen wesentlichen Faktor unberücksichtigt lassen. Wir glauben, daß wir die »Person« (im weitesten Sinn des Wortes), die Jesus als den Fürsten dieser Welt bezeichnet, ignorieren können. Wie oft tun wir so, als lebten wir nicht in einer gefallenen Schöpfung, im »bösen Äon«, in dem Satan nicht die Rolle eines kleinen Kobolds, sondern die eines Fürsten spielt. Entsprechend idealistisch sind auch unsere Maßnahmen, mit denen wir den Unbilden des privaten und öffentlichen Lebens zu begegnen suchen. Viele gutgemeinte Aktionen etwa im pädagogischen, sozialen, politischen Bereich bringen darum nicht den erwarteten Erfolg, weil sie das Übel nicht an der Wurzel fassen und von falschen Voraussetzungen ausgehen.

Alle Ungereimtheiten in und um uns haben ihren Ansatzpunkt in der gestörten Beziehung zwischen Gott und dem Menschen. Wer aus dieser Grundgegebenheit »den Bösen« eliminieren zu können glaubt, wer meint, Satan als mittelalterliches Überbleibsel abtun zu können, ist bei allem guten Willen unrealistisch. Diagnosen, die einen so entscheidenden Faktor unberücksichtigt lassen, können unmöglich zu erfolgversprechenden Therapien führen. Die Ergebnisse müssen kurzlebige Scheinerfolge sein. Wer den Feind meint ignorieren zu können, tut ihm den größten Gefallen, denn sein verderbliches Werk kann er inkognito am wirkungsvollsten in Szene setzen.

Paulus hat die Gemeinde in Ephesus schon vor fast zweitausend Jahren darauf hingewiesen, daß sie als Christen nicht einfach in einen vordergründigen Kampf mit sich selbst oder ihrer nächsten Umgebung verwickelt seien, sondern daß es ein »Kampf mit Mächtigen und Gewalten ist, die in der Finsternis herrschen, mit bösen Geistern unter dem Himmel«. Diese okkulten Kräfte waren zu jeder Zeit am Werk; doch heute scheinen sie sich – in manchen Fällen sogar in aller Öffentlichkeit – zu einem Generalangriff zu formieren. Wer da nicht hellwach ist, wird eine leichte Beute!

Was Jesus für uns getan hat, geht uns in seiner ganzen Tragweite nur auf, wenn wir den Satan so wirklich sehen, wie Jesus ihn sah. Die Dimension des Kampfes, der auf Golgatha sein schreckliches Ende fand und der in Gethsemane Jesus »Schweißperlen wie Blut« auf die Stirne trieb, kann man nur erahnen, wenn man gelernt hat, den Teufel als den mächtigen Gegenspieler Gottes ganz ernst zu nehmen.

Wir haben allen Grund, uns von der Bibel über Satan belehren zu lassen, damit wir die Waffen gegen ihn und seine raffinierten Angriffe gebrauchen lernen, die Gottes Wort uns für den Kampf bereitstellt. Die ganze Bibel ist voll von solchen Anweisungen. Gebrauchsfertig gebündelt findest Du sie im sechsten Kapitel des Epheserbriefes. Satans Angriffe werden in Zukunft eher wuchtiger und raffinierter werden, weil er weiß, daß er nur noch wenig Zeit hat.

Wer ist Jesus? _____

Wenn Du das Stichwort liest, das über dem heutigen Brief steht, wird bei Dir keine allzugroße Erwartungshaltung aufkommen. Wer weiß denn nicht, wer Jesus ist! Ist es nicht Zeitverschwendung, diese Frage überhaupt zu stellen?

Als ich nach der Rückkehr aus der Kriegsgefangenschaft zum ersten Mal von Freunden zu einer Bibelstunde mit jungen Männern mitgenommen wurde, fand ich es bei den Gesprächen recht befremdend, daß fast ausschließlich von Jesus geredet wurde, nicht von Gott. Mein Ansprechpartner war bislang immer Gott gewesen. Es dauerte lange, bis ich begriff, daß ich in diesem Punkt umdenken mußte.

»Gott« ist ein unendlich weiter Begriff, in dem man sehr viel unterbringen kann. Ich fühlte mich trotz fundierter Unterweisung durch einen Pfarrer der »Bekennenden Kirche« im Konfirmandenunterricht und der nachfolgenden Christenlehre mit jedem solidarisch, der an Gott glaubte. Ob der nun Moslem war oder sich zu einer anderen Religion bekannte, störte mich in keiner Weise, zumal man zu jener Zeit nur ganz selten Vertreter anderer Religionen kennenlernte. Nur ganz allmählich ging mir auf, daß sich an Jesus und seinem Absolutheitsanspruch die Geister scheiden. Sollte nur er, er allein, in letzter Kompetenz über Gott den Vater Aussagen machen können? Sollte nur er wirklich frei machen können? Sollte diese Freiheit an sein Wort, an sein Tun gebunden sein? Sollte er, der Zimmermannssohn, der Anfang, das Ziel alles Geschehens auf der Erde und im All sein, der, auf den alles (alles!) hinausläuft?

Ich glaube, damals setzte bei mir der Prozeß des Umdenkens ein, den man auch Bekehrung nennt. Durch den Umgang mit der Bibel, durch Gespräche, durch (vorwiegend katholische) Literatur wurde mein fast grenzenloses Gottesbild Zug um Zug immer enger; es gewann aber auch immer klarere Konturen.

Das war natürlich mit mancherlei Kämpfen verbunden, denn ich sträubte mich gegen die Einengung meines Gottesbildes. Lange Zeit konnte ich meinen weiten, herrlichen Gott, den ich mir selbst zurechtgemacht hatte, mit dem Gott Abrahams, Isaaks und Jakobs nicht auf einen Nenner bringen. Sollte der in der Bibel bezeugte Gott der alleinige, der lebendige sein? Sollten alle anderen Götter Götzen, Nichtse sein? Das käme ja einem Erdrutsch gleich, der die ganze Welt auf den Kopf stellt! Wie sollte man so etwas verkraften? Dieser Jesus, den ich von vielen süßlichen Schlafzimmerbildern her so genau zu kennen glaubte, sollte der gültige Aussage über den lebendigen Gott machen können, er allein??

Im Laufe der Zeit ging mir auch auf, daß Jesus das durchgängige Thema nicht nur des Neuen, sondern auch des Alten Testaments ist. Das fängt schon auf den ersten Seiten der Bibel an, wo von ihm gesagt ist, daß er der Schlange den Kopf zertreten werde. Sogar sein Ende wird dort schon angedeutet. Der ganze Opferkult des Alten Testaments ist Vorbereitung, Vorschattung, Gleichnis für das eine, große, vollgültige Opfer, das am Karfreitag durch das »Lamm Gottes« dargebracht wird und das den Brennpunkt des ganzen göttlichen Heilsplans darstellt. Durch diese Tat Jesu kommt die Welt, der Kosmos, rechtmäßig wieder in Ordnung; bis dies auch verwirklicht ist, ist nur eine Frage der Zeit. Diese Tat Jesu wirkt auf die ganze Schöpfung; sie hat konkrete Folgen bis in den persönlichsten Bereich, und sie hat auch direkten Bezug zu Deiner Identitätskrise.

Wenn Du den Jesus, den die Bibel zeichnet, akzeptieren kannst, wird Dir klar, daß er mehr ist als das große, leuchtende Vorbild, der große Lehrer, die tragische Figur, die an ihrer Aufgabe gescheitert ist. Die lösende Kraft, die Freude an ihm, die Liebe zu ihm erfahren wir in dem Maße, wie uns aufgeht, daß er tatsächlich das A und das O, der Anfang und das Ende ist, mit andern Worten: der Absolute, der, auf den alles hinausläuft.

Wunder? Wunder!

Auf Deiner Suche nach Wahrheit, nach dem wirklichen Leben, mußt Du auch heute, in unserer aufgeklärten Zeit, darauf gefaßt sein, daß Du Menschen begegnest, die durch mehr oder weniger spektakuläre Wunder den Beweis erbringen wollen, daß in ihnen der wahre Gott am Werk sei. Vielleicht nehmen sie sogar Bezug auf die Wundertaten Jesu oder behaupten, in seinem Namen zu handeln. Vielleicht versprechen sie Dir Befreiung von Depressionen oder Heilung von Leiden, denen die Ärzte hilflos gegenüberstehen. Man kann sehr schnell in Situationen geraten, wo Schmerzen einen dermaßen entnerven, daß man nicht mehr in der Lage ist, lange nach den Quellen zu fragen, aus denen die Hilfe kommt.

Schon im Alten Testament waren Wunder kein Ausweis für die Richtigkeit der Botschaft eines Propheten. Als Petrus und Johannes einen Gelähmten heilten, mußten auch sie sich die Frage gefallen lassen, in wessen Namen sie gehandelt hätten. Dämonen sind Realitäten, die, wie ihr Meister, über große Machtvollkommenheit verfügen. Man muß sich jedoch im klaren sein, daß Heilungen aus zwielichtigen Quellen oft nur Verlagerungen des Krankheitsherdes bewirken. Außerdem besteht die Gefahr, daß der dergestalt geheilte Mensch in psychische Abhängigkeit gegenüber dem Heiler gerät. Die schlimmste Folge solcher Heilungen besteht wohl darin, daß der auf diesem Weg Geheilte blind für Jesus und seine freimachende Tat am Kreuz wird.

Ob unser »natürliches Gefühl« uns eindeutig zu leiten vermag, wenn es darum geht, zu beurteilen, aus welcher Machtvollkommenheit ein Wunder geschieht, vermag ich nicht zu sagen. Ich bin jedoch überzeugt, daß Gott uns bei ernsthaftem Fragen auch in solchen Situationen nicht im unklaren läßt.

Du wirst Dich fragen, warum sich ein Christ überhaupt mit Wundern auseinandersetzen muß, wenn sie mit so vielen Risiken verbunden sind. Nun, das hängt einfach mit der Bibel zusammen. Sie ist von vorne bis hinten von Wunderberichten durchsetzt. Wenn sie aber in der Bibel so weiten Raum einnehmen, dann können wir sie nicht einfach übergehen, sondern müssen uns damit auseinandersetzen.

Die Wunder haben meines Erachtens weniger den Zweck, Menschen aus Notsituationen zu befreien – denn das könnte der allmächtige Gott auch auf viel unauffälligere Weise tun –, sondern viel mehr, den Betroffenen, ihrer Umgebung, *uns* zu zeigen (deshalb nennt sie die Bibel »Zeichen«), wer Gott ist, uns zu ermutigen, ihm zu vertrauen, unser Herz, unser Denken zu öffnen und es aus festgefahrenen Denkkategorien herauszureißen. Die meisten Wundererlebnisse sind deshalb auch mit einem Schock und großer

Betroffenheit verbunden und lösen keineswegs ein staunendes Ah aus. Dieses Erschrecken kommt daher, weil uns schlagartig klar wird, wer Gott und wer der Mensch ist. Gottgewirkte Wunder haben deshalb meist unabsehbare Konsequenzen für das ganze weitere Leben der Betroffenen.

Wo sind die Grenzen der Liebe?

Irgendwann in Deinem Leben wirst Du Dich auch mit Gedankengängen auseinandersetzen müssen, die man unter dem Stichwort »Allversöhnung« zusammenfaßt. Es ist für viele ernsthafte Gemeindeglieder zu einem Reizwort geworden, und das mit einem gewissen Recht; denn »Allversöhnung« gehört zu den Begriffen, die wir dem Buchstaben nach in der Bibel vergeblich suchen, die aber in der Botschaft als ganzer zwischen den Zeilen immer wieder aufleuchten.

In unseren Gesprächen haben wir dieses Problem bislang noch nie direkt beim Namen genannt, obwohl es unausgesprochen oft mitschwang. Bei der Allversöhnungs- oder Wiederbringungslehre geht es letztlich darum, ob unser Verhalten in Gedanken, Worten und Werken ewige Konsequenzen hat, ob es ein Verlorensein bis in alle Ewigkeiten gibt oder ob Gott nicht ruht, bis sich alle Knie vor ihm beugen, das heißt ihn als Herrn aller Herren anerkennen.

Wenn man nicht beachtet, daß der Heilsplan Gottes viele sehr verschiedene Phasen aufweist, die alle unterschiedlichen Gesetzmäßigkeiten folgen, wenn man sich auf *eine* Bibelstelle versteift mit dem Argument: »Es steht geschrieben« und nicht beachtet, daß Jesus selber, als er durch Satan versucht wurde, erwidert hat: »Es steht *auch* geschrieben«, kommt man allerdings in nicht geringe Schwierigkeiten.

Wie ich Dir schon in einem früheren Brief zu erklären versucht habe, ist Gottes Heilsplan vielschichtig und setzt sich aus äonenlangen Abschnitten zusammen. In jedem Zeitalter verfolgt Gott andere Ziele. So hat der gegenwärtige Äon der Gnade eindeutig das Ziel, die Gemeinde aus allen Völkern zu sammeln und in viel Not und Anfechtung »zuzubereiten«. Im nächsten Äon steht Israel ganz im Mittelpunkt des Geschehens und hat weltweite Missionsaufgaben wahrzunehmen. In den weitgesteckten göttlichen Plänen, von denen die Bibel berichtet, ist auch Raum für die, die jetzt noch nicht an der Reihe sind, die Gott aber nicht aus dem Auge verlieren wird.

Ganz grob könnte man die Lehre von der Allversöhnung etwa folgendermaßen umschreiben: Wer jetzt, im Zeitalter der Gnade, die Versöhnungshand Gottes ausschlägt, die dieser uns durch Christus entgegenstreckt, kommt auch ans Ziel, aber auf äonenlang dauernden Gerichtswegen. Wer darin eine Aufweichung ernster biblischer Warnungen sieht, ist sich nicht bewußt, was es bedeutet, »in die Hände des lebendigen Gottes zu fallen«. Es ist nicht ganz einfach, dieses Wort aus der Bibel in seiner Tiefe auszuloten. Wir, die wir um die Schrecken wissen, die das Wort Holocaust umschreibt, sollten darüber keiner besonderen Belehrung bedürfen.

Viele lehnen die Allversöhnungslehre ab, weil sie der Meinung sind, sie tue dem Ernst der Entscheidung des Menschen für oder gegen Gott Abbruch. Aber es geht hier keineswegs um eine Generalamnestie, die gewissermaßen im Gießkannenverfahren über alle Menschen ausgegossen werden soll, weil Gott des Gerangels mit der widerspenstigen Menschheit müde geworden wäre – ganz im Gegenteil: Die Anhänger dieser Lehre nehmen Gottes Gerichtswege sehr ernst, aber – und das ist der springende Punkt – nicht im Sinne von hinrichten, sondern von herrichten. Gottes Gerichte sind nicht Selbstzweck und wollen nicht zerstören, sie wollen zur Besinnung bringen und retten!

Auf mich persönlich wirkte die Entdeckung der »Wiederbringungslehre« wie eine Erlösung. Vorher konnte ich mich meines eigenen Heils, meines »Gerettetseins in Christus«, nicht recht freuen angesichts der Verzweiflung derer, die das Gnadenangebot Gottes bei Lebzeiten nicht angenommen haben, weil sie es vielleicht nie klar und eindringlich genug gesagt bekommen haben. Den Ernst der Mahnung: »Lasset euch versöhnen mit Gott!« beeinträchtigt die Allversöhnungslehre nur dann, wenn sie oberflächlich interpretiert wird, was allerdings leider oft der Fall zu sein scheint.

Kein Vater läßt sein widerspenstiges Kind einfach ins Verderben laufen. Er läßt es – wenn alle noch so ernsten Ermahnungen in den Wind geschlagen werden – seinen selbstgewählten Weg gehen, aber er läßt es nicht aus den Augen und verfolgt sein Schicksal mit wehem Herzen. Er wird nicht ruhen, bis er sein (durch das Gericht) geschundenes Kind in seinen Armen hält.

Sollte Gott, der die Liebe ist, anders handeln? Ich bin gewiß, daß seine Vaterliebe nicht ruhen wird, bis – nach welchen Um- und Gerichtswegen auch immer – die ganze Menschheit aller Zeiten erlöst ist, bis sich alle Knie vor ihm beugen, bis Gott sein wird alles in allen. Das sind wunderbare Perspektiven, die der freudig fassen sollte, der sie fassen kann. Zum Streitobjekt sollten sie nicht werden.

Einfaches Leben

Dein Lebensstil macht mich immer nachdenklicher: Dein Zimmer, das schon eher einer Zelle gleicht, Dein Bedürfnis nach Einfachheit, nach Stille in einer Welt, in der der Schrei nach mehr, nach Abwechslung, nach Unterhaltung immer lauter wird. Meine Briefe enthalten bis zum Übermaß Warnungen vor Fehlentwicklungen, lauernden Gefahren, Täuschungsmanövern, Irrwegen … Auch im Blick auf Deine derzeitige Lebensweise könnte ich in dieser Weise fortfahren. Ich will es nicht tun, weil ich nach anfänglicher Verunsicherung Dein Verhalten immer positiver sehen kann. Ich sehe in ihm nicht mehr nur Schwäche, Versagen, mangelnden Leistungswillen, sondern in zunehmendem Maße auch eine Kraft, eigene Wege zu gehen, Überzeugungen treu zu bleiben, Wesentliches von Unwesentlichem zu unterscheiden. Du praktizierst – in vielleicht manchmal noch unausgegorener Weise – einen Lebensstil, den in unserer Wohlstandsgesellschaft nur wenige anstreben oder praktizieren.

Wie sehr unser Denken vom Bedürfnis nach einem immer höheren Lebensstandard geprägt ist, wird mir eindrücklich, wenn ich mich in unsere Situation bei Kriegsende versetze. Wenn man im letzten Kriegsjahr einen Menschen in einen heutigen Durchschnittshaushalt versetzt hätte, hätte es ihm vor Glück den Atem verschlagen. Und wir, die wir das alles haben, sind wir glücklich?

Ich muß in diesem Zusammenhang immer wieder an das Wort des Johannesbriefs denken: »Habt nicht lieb die Welt,

... des Fleisches Lust und der Augen Lust und hoffärtiges Leben ...« Nehmen wir solche Worte noch ernst, nehmen wir sie überhaupt zur Kenntnis? Lassen wir die Mahnung des Paulus: »So ihr Nahrung und Kleidung habt, so lasset euch genügen« noch an uns heran? Wie weit haben wir uns von der hier angeratenen Schlichtheit und Bescheidenheit entfernt? Wie weit haben wir uns manipulieren lassen? Wie weit sind wir dem Trend gefolgt, der uns die Schale wichtiger erscheinen läßt als den Kern?

Was wird nicht alles von und für Christen für Recht erklärt, was dieser Schlichtheit und Einfachheit nicht entspricht! Was muß man nicht alles tun, um »zeitgemäß« zu leben! Was gehört nicht alles zu einem »erfüllten, reichen Leben«! Wie bestimmen Moden unser Leben und rauben uns innere Ruhe und Gelassenheit! Wie gereizt reagieren viele Menschen, die im Überfluß schwimmen, auf kleinste Einschränkungen! Wie viele werden bei allem Reichtum das Gefühl nicht los, im Leben zu kurz gekommen zu sein!

Ich kenne die Motive Deiner Bescheidenheit nicht bis ins letzte, ich will und kann sie auch nicht werten; doch Du hast mir durch Dein Verhalten Anstöße gegeben, die ich mir zu Herzen nehmen will.

Wo liegt das Kraftzentrum?

In meinen Briefen habe ich versucht, mit möglichst wenig Bibelzitaten auszukommen, denn sie sollen ja nicht Bibelersatz sein, sondern sollen Dich anregen, den direkten Kontakt mit der Schrift zu suchen. Heute weiche ich von diesem Grundsatz ab und zitiere einige Verse aus dem 5. Buch Mose:

»Du sollst den Herrn, deinen Gott, liebhaben von ganzem Herzen, von ganzer Seele, mit aller deiner Kraft. Und diese Worte, die ich dir heute gebiete, sollst du zu Herzen nehmen und sollst sie deinen Kindern einschärfen und davon reden, wenn du in deinem Hause sitzt oder unterwegs bist, wenn du dich niederlegst oder aufstehst.«

Jesus nimmt diese Worte auf und koppelt sie an das Gebot der Nächstenliebe.

Gottesliebe – was hat sie mit Deiner Identitätskrise zu tun? Man ist geneigt zu sagen, daß sich mit solchen Problemen Theologen befassen und tiefgründige Meditationen darüber anstellen sollen, daß sie aber für einen jungen, modernen Menschen, der endlich wissen möchte, »wo's langgeht« (konkret, nicht theoretisch!), nichts zu tun haben. Ich möchte Dir das Gegenteil beweisen.

Gedanken sind Mächte; alles Tun, alles Praktische hat seine Wurzel im Denken. Bekehrung ist nicht in erster Linie eine körperliche Kehrtwendung, sondern ein Prozeß des Umdenkens. »Du sollst Gott lieben« wendet sich zunächst einmal an unseren Geist, unseren Verstand. Es ist nicht nur so dahingesagt, es ist keine Worthülse, die man füllen oder auch leer lassen kann. »Du sollst Gott lieben von ganzem Herzen, von ganzer Seele, mit aller deiner Kraft« – warum dieser Nachdruck? Was ist Gott? Wer ist Gott? Wer liebt schon Gott nicht? Gott ist alles; aber was alles ist, was überall ist, kann man nicht fassen, und was ich nicht fassen kann, ist für mich zutiefst unreal.

Warum wird dieses Gebot so entschieden vor uns hingestellt? Ich glaube, an diesem Gebot hängt buchstäblich alles, auch die Möglichkeit, dem anderen Pol des Doppelgebots – »und deinen Nächsten wie dich selbst« – gerecht zu werden. Ich meine, kein Gebot wird so wenig als konkreter Aufruf

begriffen wie der erste Teil dieses Doppelgebots. Nicht aus
bösem Willen oder innerer Auflehnung, sondern aus Hilflo-
sigkeit. Wie soll man das nur machen, Gott lieben? Lenkt
nicht Jesus selbst uns von der Beantwortung dieser Kardi-
nalfrage ab, wenn er uns zu bedenken gibt, wie man denn
Gott lieben könne, den man nicht sieht, wenn man den
Bruder nicht liebt, den man sieht? Werden hier die Pole
nicht wieder vertauscht; hat nicht doch die Nächstenliebe
Vorrang?

Es ist fast unmöglich, ein Eisenstückchen so zwischen zwei
Magnetpole zu legen, daß es nicht zum einen oder anderen
Pol schnellt; und doch hängt für uns viel davon ab, daß wir
dies hier in übertragenem Sinne wenigstens anstreben. Es
mag Zeiten gegeben haben, wo Menschen sich bewußt und
ausschließlich dem ersten Bereich dieses Gebots zuwandten
und weltferne »Heilige« wurden. Dies scheint mir jedoch
die Gefahr unserer Zeit nicht zu sein. Wenn wir die Prioritäten umkehren, das Doppelgebot auseinanderreißen und damit Gefahr laufen, den ersten Pol zu vernachlässigen und
dem zweiten mehr Gewicht geben, überfordern wir uns. Ich
glaube, wir sind so geschaffen, daß wir das eine ohne das
andere nicht tun können und daß alles davon abhängt, daß
wir im Spannungsfeld dieser beiden Pole den richtigen Platz
einzunehmen lernen.

Die Frage, wie man das macht, ist damit noch nicht gelöst.
Wer weiß das? Wer kann kompetente Auskunft geben? Ich
glaube, da sind wir ganz auf uns selbst gestellt. Da stehen
wir wieder vor einem der vielen göttlichen Geheimnisse.
Der einzige feste Anhaltspunkt scheint mir der Umstand zu
sein, daß eine Forderung, die mit solchem Nachdruck an
uns herangetragen wird, auch erfüllbar sein muß. Der Weg
dahin ist uns verborgen; das ist Gottes Sache. Ich könnte

mir vorstellen, daß es eine der wichtigsten Wirkungen des Heiligen Geistes ist, daß er uns mit Hilfe von Gottes Wort offenbart, wie sehr Gott uns liebt. In dem Maße, wie wir Gottes Liebe zu uns entdecken, kann in uns das Bedürfnis, die Fähigkeit wachsen, ihn wieder zu lieben. Unsere Gottesliebe kann also immer nur Antwort auf seine Liebe sein.

Wenn wir diese Zusammenhänge nicht beachten, kommen wir schnell an die Grenzen unserer Belastungsfähigkeit, geraten in Resignation und Verbitterung und werden das Gefühl nicht los, überfordert zu sein. Die meisten Schwierigkeiten, die wir mit uns selbst und im Umgang mit unseren Nebenmenschen in Beruf, Familie, Ehe haben, können wir nur auf der Basis dieser Erkenntnis von innen heraus überwinden.

Nicht die Gebote, nicht das Gesetz, nicht die vielen Imperative sind es, die uns den Weg in die Freiheit, zu Kraft und Freude weisen, sondern die Liebe zu Gott: »Die Freude am Herrn ist eure Stärke.« Das ist nicht blasse Theorie, das ist konkrete Wirklichkeit mit konkreten Auswirkungen auch – nein: gerade – in Identitätskrisen.

Offene Fragen

Du wirst in vielen Punkten nicht mit mir einiggehen können. Einiges wird Dir kleinkariert und naiv, anderes auch überheblich vorkommen. Manche Gedanken werden Dir als Spekulationen erscheinen, die einer nachprüfbaren Grundlage entbehren. Im Blick auf meine eigenen Erfahrungen kann ich das nur zu gut verstehen. Beim ersten

Hören kamen mir manche Gedankengänge, die ich jetzt Dir darzulegen versucht habe, so fremd vor, daß ich sie von mir weisen mußte. In einigen Fällen dauerte es Jahrzehnte, bis ich mit manchen Bibelstellen oder deren Auslegung etwas anfangen konnte.

Ich hoffe fast, daß es Dir nicht anders geht. Denn was unter die Haut gehen und einmal fester Bestandteil Deiner Persönlichkeit werden soll, kann Dir nicht schmerzlos unter Narkose vermittelt werden, sondern muß im Wachzustand unter Schmerzen von Dir verarbeitet werden.

Bei vielen meiner Aussagen wirst Du heute keinen Bezug zu Deinen jetzt anstehenden Alltagsproblemen herstellen können. Das darf Dich nicht wundern. In Deinem Alter kann man die vielfältigen Verbindungen, Verzahnungen und indirekten Wirkungen, die uns im Innern beeinflussen, noch nicht so überschauen, wie das in höherem Alter möglich ist.

Wir sollen uns zwar anstehenden Fragen stellen und sie nach bestem Wissen und Gewissen aus unserem gegenwärtigen Leben und Denken zu beantworten suchen, aber trotzdem müssen wir auch lernen, mit offenen Fragen zu leben. Meine Briefe sollen und werden für Dich kein Rezeptbuch sein, sie möchten Dich ganz im Gegenteil ermutigen, offene Fragen wirklich offenzulassen, ganz besonders im Blick auf die Bibel. Es kommt auf den Standpunkt an, von dem aus man eine Sache betrachtet. Wenn Du Dir bewußt bist, wie verschieden die Bilder ausfallen, wenn man den Standort wechselt, wirst Du nicht so schnell zu einem abschließenden Urteil kommen, sondern offen bleiben für neue Erkenntnisse.

Was ich da schreibe, scheint in krassem Widerspruch zu stehen zu dem Ton, den ich in meinen Briefen an mehr als einer Stelle an den Tag lege: eine Gewißheit, eine Bestimmtheit, die Du leicht als Sicherheit mißdeuten könntest. Die Grenze zwischen Gewißheit und Sicherheit ist hauchdünn. Ob sie überschritten wird, kann ein Außenstehender nicht ohne weiteres erkennen. Um den alten Vergleich mit den Hochrechnungen bei Wahlen nochmals zu bemühen: die »Sicherheit«, mit der Christen von Glaubensinhalten reden, ist eine Sicherheit, die Überraschungen nicht ausschließt.

Christen sind keine Leute, die Gott bei seinem Planen über die Schulter geschaut haben, aber sie bemühen sich, das, was er in seinem Wort offenbart, auch wirklich zur Kenntnis zu nehmen. Viele offene Fragen, die uns hindern, zu einer Glaubensgewißheit zu kommen, sind in Wirklichkeit gar nicht offen, sondern in aller Klarheit beantwortet, sie müßten eigentlich überhaupt nicht unter der Rubrik »offene Fragen« eingeordnet werden.

Wenn man jahrzehntelang mit der Heiligen Schrift umgeht und praktische Erfahrungen macht, wenn man die unzähligen Zeugnisse von Christen, die man mitunter sogar persönlich kennt, im Gedächtnis behält, wenn man an die vielen Berichte der Bibel denkt, wo Gott sich durch sein Handeln, durch handfeste Fakten, als der Lebendige ausweist, dann wäre es geradezu unnormal, wenn man nicht eine gewisse »Sicherheit« gewinnen würde, die allerdings dem Außenstehenden als Anmaßung erscheinen kann.

Vielleicht kannst Du Deine verständliche Aversion ein wenig abbauen, wenn Du einmal überprüfst, an welchen Stellen meiner Briefe diese »Sicherheit« besonders stark zutage tritt. Es ist in der Regel nicht da, wo ich *meine* Überlegungen kundtue, sondern wo es darum geht, Gedanken, Aussagen, Zusagen, Prophezeiungen der *Bibel* ernst zu nehmen. Wo die Aussagen einer Auslegung bedürfen, habe ich mich nicht der nächstbesten angeschlossen, sondern habe über

Jahrzehnte hinweg auf die Aussagen sachkundiger Ausleger aus den verschiedensten Lagern gehört, ehe ich mir eine eigene Meinung gebildet habe, wohl wissend, daß unser Erkennen in diesem Leben Stückwerk ist und es auch bis zu unserem Ende bleibt.

Gott gibt uns – trotz unserer begrenzten Erkenntnisfähigkeit – einen ganz klar abgesteckten Rahmen, der für jeden verständlich und zugänglich ist, einerlei auf welcher Stufe des Erkennens er sich befindet. Innerhalb dieses allgemeingültigen Rahmens weisen jedoch die Wege und Erkenntnisse dieselbe Vielfalt auf, die wir überall in der Schöpfung feststellen können. Bei Gott gibt es keine Gleichmacherei; und die Einigkeit, die eine christliche Gemeinde kennzeichnen soll, hat mit Konformismus nichts zu tun.

Ich bin froh, daß nichts dafür spricht, daß Du meine Sicht der Dinge kopieren möchtest. Denn vielleicht geht Gott mit Dir so andersartige Wege, daß wir die Blickverbindung streckenweise verlieren und uns nur noch die Liebe und das Vertrauen verbinden. Ich wünsche uns beiden keine allzu langen Wegstrecken ohne Blickkontakt, aber möglich ist das durchaus. Du mußt auch damit rechnen, daß Fragen, für die ich für mich persönlich eine Antwort finden durfte, für Dich (noch einige Zeit) offenbleiben.

Manch einer, der ganz anders denkt und handelt als wir und uns deshalb zur Anfechtung wird, kann trotzdem ein unverzichtbares Glied am Leib Christi sein und seine Aufgabe im Gesamtorganismus der Gemeinde voll erfüllen.

Wir müssen lernen, unsere Gaben und unsere Grenzen zu erkennen und zu bejahen, und den Weg, den sie uns weisen, dann so konsequent wie möglich gehen, auch wenn viele Fragen offenbleiben und unser Weg streckenweise einsam ist. Es hat mich sehr nachdenklich gemacht, als ich vor einiger Zeit erfuhr, daß Paulus nach seiner Bekehrung in Damaskus nicht gleich »voll einstieg«, sondern dreizehn Jahre in Einsamkeit lebte, ehe er das ihm zugedachte Werk in Angriff nahm.

Du bist kein Paulus, aber Du hast es mit demselben Gott zu tun wie er, und deshalb kannst Du von ihm und allen biblischen Gestalten Rückschlüsse auf Dein eigenes Leben ziehen. Sie alle mußten es lernen, in kürzeren oder längeren Abschnitten ihres Lebens mit offenen Fragen zu leben.

Ein letzter Brief

Dies soll vorläufig der letzte Brief sein. Wir haben ein weites Feld miteinander abgeschritten. Ich habe versucht, das Ganze im Auge zu behalten, wenn wir Exkursionen auf weniger begangene Parzellen unternahmen. Bestimmt bist Du mitunter des Wanderns müde geworden und bist mir nur mit den Augen oder in Gedanken gefolgt, wenn ich Abstecher auf Gebiete machte, die Dir fremd und wenig lohnend erschienen. Manche Wege waren so verwachsen, daß man sich zuerst eine Bresche schlagen mußte. Einige Aussichtspunkte waren nur auf schmalen Saumpfaden zu erreichen. Alles in allem war unsere Wanderung kein Spaziergang, sondern für beide Teile recht mühevoll. Du wirst Dich auch immer wieder gefragt haben, weshalb ich Dich auf einen Weg mitnahm, der so schmal und gefährlich ist, daß man ohne Warntafeln nicht auskommt.

In Deiner Situation sucht man beschauliche Wege mit Ruhepunkten, die Stille und Geborgenheit gewähren. Du suchst

Geborgenheit in einer Welt, die immer unüberschaubarer wird. Was Dir fehlt, sind erfahrbare, greifbare Nahziele, die auf sicheren Wegen ohne Warnschilder erreichbar sind. Aber das Wort von Christian Morgenstern: »Wer vom Ziel nicht weiß, kann den Weg nicht haben«, gilt eben auch. Die Teilziele kann man nur richtig setzen, wenn man das große Ziel im Auge behält.

Den schnurgeraden Weg zum Ziel gibt es nur in der Theorie. In der Welt, in der wir leben, »schreibt Gott auf krummen Linien grade«. Das kann sehr verwirrend sein, ganz besonders dann, wenn man nicht nur im Weltgeschehen auf Ungereimtheiten stößt, sondern wenn man in sich selbst Schwierigkeiten entdeckt, die einen hindern, sicheren, ausgefahrenen Spuren, die auf regen Verkehr hindeuten, zu folgen. Es ist eine schmerzhafte Entdeckung, wenn man sich plötzlich nur auf sich selbst gestellt sieht. Man spürt, daß man auf Gemeinschaft, auf Zuspruch und Geborgenheit hin angelegt ist, und muß gleichzeitig feststellen, daß man ein Fremdling, ein Außenseiter ist. Man versucht diese innere Weichenstellung, die einen ins Abseits führte, rückgängig zu machen. Man sucht den Fehler bei sich, ist hin- und hergerissen zwischen einem Ahnen um die Richtigkeit des eingeschlagenen Weges und dem Bewußtsein tiefen Versagens und fühlt in diesem aufreibenden Kampf die Kräfte schwinden – wohl wissend, daß kein Weg zurückführt, sondern die Lösung nur im mutigen Vorwärtsschreiten zu finden ist.

Eine ideale christliche Gemeinde sollte Menschen in solchen Lebensphasen tragen und aufrichten können. Aber so wenig es den idealen Christen gibt, so wenig gibt es auch eine ideale christliche Gemeinde, und das ist gut so.

Ich nehme die Aussagen der Bibel, die sich mit der Gemeinde beschäftigen, sehr ernst. Christus will sich auf Erden einen »Leib«, eine Gemeinde schaffen; denn nur sie kann den ganzen Reichtum seiner Segnungen fassen und ungeschmälert und ausgereift bis ans Ziel durchtragen. Das heißt jedoch nicht, daß Gott nicht mit jedem einzelnen Gemeindeglied ganz spezielle Wege gehen könnte.

Es ist mir klar, daß ein Briefwechsel nur ein dürftiger Ersatz für das Eingebettetsein in einer lebendigen Gemeinde ist. Ich wünsche Dir deshalb auch von Herzen, daß Du bald eine solche Gemeinschaft findest. Mach es zu einem Gebetsanliegen und verlaß Dich drauf, daß der, der das Ohr geschaffen hat, wohl selbst auch die Fähigkeit hat zu hören. Bedenke weiter, daß der, der Dir einen solchen Hunger nach Harmonie, Geborgenheit, Fülle und Vollkommenheit ins Herz gelegt hat, diesen Hunger auch stillen kann und will.

Ich bin mir bewußt, wie fragwürdig mein ganzes Unterfangen ist. Kein Gedankengang in meinen Briefen ist so präzise formuliert, keine Argumentation so umfassend durchgearbeitet, daß sie nicht Ansatzpunkte für Kritik und Gegenargumente böten. An manchen Stellen wirst Du Dich nicht verstanden fühlen, etliches wird Dir auch einseitig erscheinen. Es ist mir aber von Anfang an nicht darum gegangen, Dir ein ausgewogenes Bild der christlichen Lehre zu unterbreiten. Ich habe Schwerpunkte an Stellen gesetzt, wo ich annehmen mußte, daß Du sie überhaupt nicht kanntest oder noch nicht genügend darüber nachgedacht hast. Du tust mir einen Gefallen, wenn Du meine Briefe sehr kritisch liest, nur darfst Du dabei nicht vergessen, wie es zu ihnen kam: Du hattest Deine Probleme und warst in einen Zustand geraten, der nicht dazu angetan war, lange Debatten zu führen. Du betontest immer wieder, daß Du im Augenblick nichts so sehr brauchst wie unsere Gelassenheit ohne viele Worte.

Lebenskrisen müssen jedoch von der Wurzel her angegangen werden, und dazu braucht man viel Zeit und vor allem die nötige Energie. Ich habe die Gedanken, die ich für die Bewältigung Deiner Krise für hilfreich halte, deshalb schriftlich niedergelegt, damit Du Dich zu gegebener Zeit mit dem auseinandersetzen kannst, was Dich gerade bewegt. Die freie Wahl des Zeitpunktes scheint mir dabei besonders wichtig zu sein.

Wenn es sehr wenig sein sollte, das Dich anspricht, brauchst Du Dir deshalb wegen der Mühe, die ich mir gemacht habe, kein Gewissen zu machen. Ich bin bei dem ganzen Unterfangen nicht leer ausgegangen. Bei mir hat sich durch den Versuch, mich mit Deiner Situation auseinanderzusetzen, so viel geklärt, was ohne diesen Anlaß nicht verarbeitet worden wäre, daß ich nur danken kann.

Vieles hat seine zwei Seiten: Die innere Not, die jetzt schwer auf Dir lastet und in der Du im Augenblick keinen Sinn erkennen kannst, erscheint in der Rückschau in einem ganz anderen Licht. Für manche Last, unter der Du keuchst, wirst Du später dankbar sein. Damit will ich nicht sagen, daß jeder Weg zwangsläufig zu einem guten Ende führt. Aber ich bin sicher, daß das Wort, das Paulus an die Gemeinde in Rom schrieb: »Wir wissen aber, daß denen alles zum Guten dient, die Gott lieben und die er nach seinem verborgenen Plan zu sich gerufen hat«, eine erfahrbare Wirklichkeit ist. Und sie gilt auch für Dich.